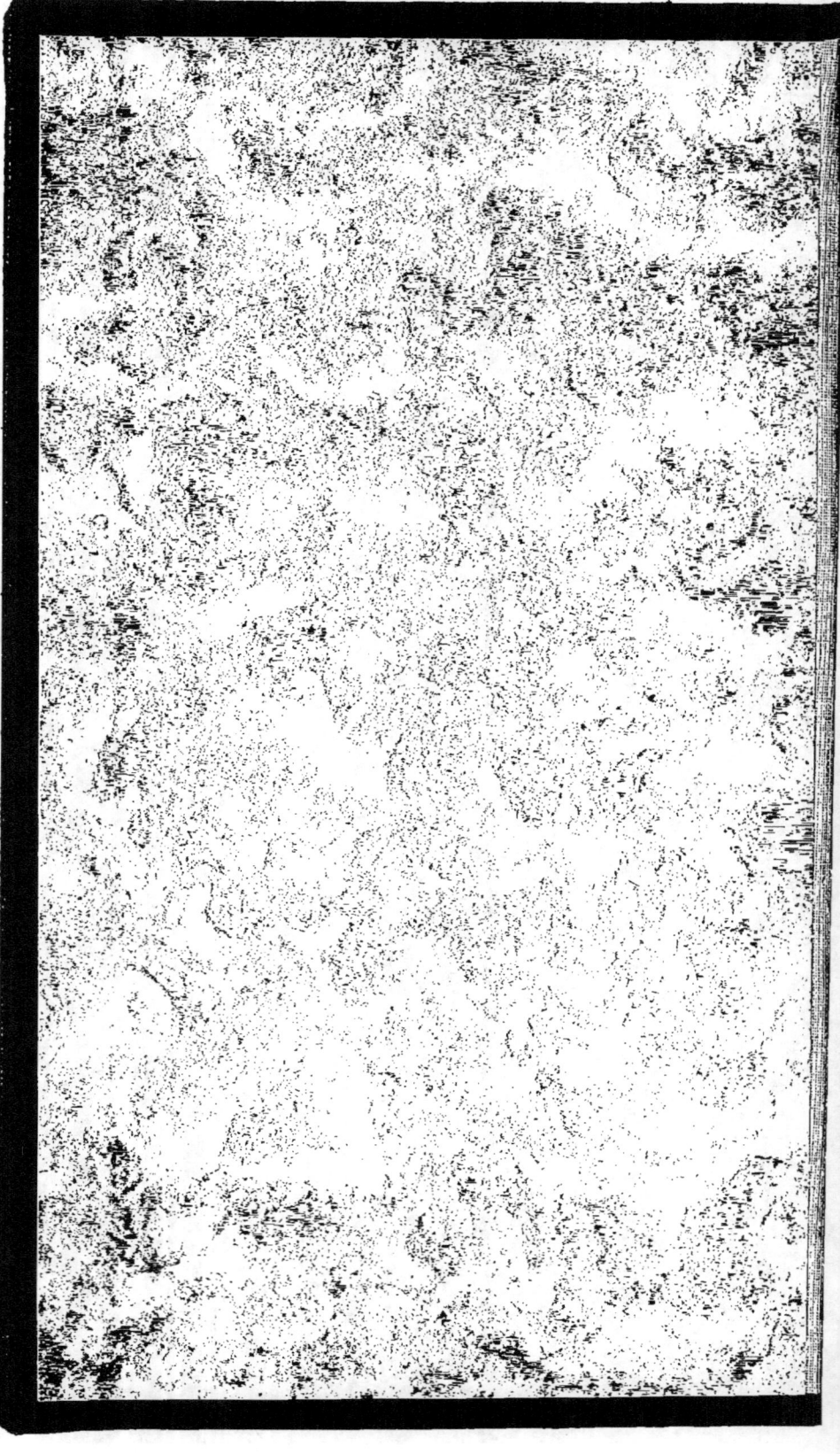

DES FONTAINES 1980

ESTHÉTIQUE
DU SCULPTEUR

PAR

M. HENRY JOUIN

LAURÉAT DE L'INSTITUT

(Académie française et Académie des Beaux-Arts)

> PHILOSOPHIE DE L'ART PLASTIQUE
> LA STATUE
> LE GROUPE — LE BUSTE — LE BAS-RELIEF
> LES PIERRES GRAVÉES
> LES MÉDAILLES

PARIS

LIBRAIRIE RENOUARD

HENRI LAURENS, LIBRAIRE-ÉDITEUR

6, RUE DE TOURNON, 6

ESTHÉTIQUE
DU SCULPTEUR

DU MÊME AUTEUR

HISTOIRE

David d'Angers, sa vie, son œuvre, ses écrits et ses contemporains. (*Couronné par l'Académie françoise*).... 2 vol.
Antoine Coyzevox, sa vie, son œuvre et ses contemporains. (*Couronné par l'Académie des Beaux-Arts*)........ 1 vol.
Maîtres contemporains (Fromentin, Corot, Regnault, Baudry, etc.) .... 1 vol.

CRITIQUE

Conférences de l'Académie royale de Peinture et de Sculpture.. 1 vol.
La Sculpture en Europe.................................. 1 vol.
La Sculpture au Salon de 1873 .... 1 vol.
La Sculpture au Salon de 1874 .... 1 vol.
La Sculpture au Salon de 1875 .... 1 vol.
La Sculpture au Salon de 1876.......................... 1 vol.
La Sculpture au Salon de 1877.......................... 1 vol.
La Sculpture au Salon de 1878.......................... 1 vol.
La Sculpture au Salon de 1879 .... 1 vol.
La Sculpture au Salon de 1880 .... 1 vol.
La Sculpture aux Salons de 1881, 1882, 1883 et à l'Exposition nationale de 1883............................. 1 vol.
Hippolyte Flandrin, les Frises de Saint-Vincent-de-Paul. (*Conférences populaires*)......................... 1 vol.

POÉSIE

L'Ardoise... 1 vol.
Chant du siècle... 1 vol.

THÉATRE

Corneille et Lulli, un acte en vers................:..... 1 vol.

INVENTAIRES, LIVRETS, BIBLIOGRAPHIE

Musée de Portraits d'artistes. Etat de 3000 portraits peints, dessinés ou sculptés............................. 1 vol.
Portraits nationaux..................................... 1 vol.
L'Arc de Triomphe de l'Etoile........................... 1 vol.
L'Arc de Triomphe du Carrousel......................... 1 vol.
La Colonne de Juillet................................... 1 vol.
La Colonne de la Grande-Armée.......................... 1 vol.
Musées d'Angers (histoire et description).............. 1 vol.
Musée d'Angers (notice historique et analytique)... 1 vol.
Musée d'Angers (supplément de 1887)............. 1 vol.
Table alphabétique et raisonnée de la *Gazette des Beaux-Arts* (1869-1880, tomes I à XXII)................. 1 vol.

4681. — ABBEVILLE, TYP. ET STÉR. A. RETAUX.

ESTHÉTIQUE
DU
SCULPTEUR

PAR

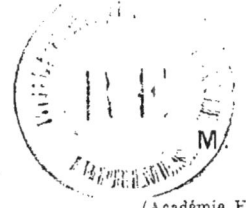

M. HENRY JOUIN

Lauréat de l'Institut
(Académie Française et Académie des Beaux-Arts)

PHILOSOPHIE DE L'ART PLASTIQUE
LA STATUE
LE GROUPE — LE BUSTE — LE BAS-RELIEF
LES PIERRES GRAVÉES
LES MÉDAILLES

PARIS
LIBRAIRIE RENOUARD
HENRI LAURENS, ÉDITEUR
6, RUE DE TOURNON, 6

—

1888

AUX SCULPTEURS

Mes amis,

En vous dédiant ces pages, je ne fais que vous rendre votre bien. Maintes fois, le soir, après nos labeurs de la journée, dans les dialogues du coin du feu, ne nous sommes-nous pas attardés à parler de l'art, de son génie, de ses lois immuables, de ses déceptions et de ses joies, des horizons splendides qu'il ouvre à ses préférés, des triomphes superbes qu'il vous réserve? Ce que nous disions alors, j'ai voulu le fixer dans cet ouvrage. Mais, de même qu'en invoquant les principes, en rappelant les maîtres qui sont la force et l'honneur de l'art, nous ne songions point à élever la voix, tout heureux que nous étions d'effleurer de nobles pensées et de hauts exemples sur le ton de la causerie, ce livre — je l'espère du moins — n'aura rien de dogmatique. Je ne me serais pas permis d'y glisser une leçon.

Ai-je besoin, d'ailleurs, de me défendre d'une témérité contre laquelle j'étais prémuni dès longtemps par les hommes de savoir et de goût dont les écrits durables sont pour nous des livres de chevet? Vous les possédez comme moi.

Vous vous êtes pénétré de *La science du Beau* de M. Charles Levêque, le maître qui a si bien dit :

C'est l'âme que nous demandons avant tout aux arts plastiques : c'est aussi l'âme qu'il nous donnent.

Vous vous êtes approprié ce que contient d'achevé le court volume *La Délicatesse dans l'art*, de M. Martha, le philosophe distingué qui a su formuler avec tant de justesse cette vérité profonde :

figures tumulaires, de bustes et de médailles. La glyptique est oubliée. La grande sculpture hésite. Or, notre époque n'est cependant pas rebelle aux joies de l'esprit. Si la sculpture cherche l'emploi de sa force, d'autres arts sont actuellement en honneur. Quand les statuaires vivent de sacrifices et de dénuement, les peintres connaissent le bien-être, la richesse et, plusieurs, l'opulence. Aussi, que de découragements constatés, que de désertions à prévoir ! Je veux bien ne pas étendre au delà d'un certain groupe d'artistes l'application du *malesuada fames* de Virgile, mais c'est déjà trop que ce mot douloureux puisse être prononcé lorsqu'on traite de la condition présente des sculpteurs. C'est pourquoi j'ai pris plaisir à mettre en lumière la noblesse, la sévérité, l'avenir toujours vrai de l'art plastique. Plus d'un sculpteur peut-être me saura gré de mon effort. Alors que chaque jour de vrais artistes se jettent dans l'industrie et vont se perdre dans la foule obscure des artisans ; alors que des hommes destinés au rôle d'éducateurs doutent à ce point de leur génie qu'on les voit s'abaisser à des tâches vulgaires et trop applaudies, j'ai pensé qu'il convenait de ne pas céder au courant et de rappeler aux statuaires ce qui les a fait grands dans le passé.

« La sculpture est une muse austère a dit M. Cousin ; elle a ses grâces à elle, et qui ne sont celles d'aucun autre art. » Ce témoignage illustre de la suprématie de l'art plastique, je dirais volontiers des vertus réservées qui le distinguent, explique la mise au jour de mon humble travail. Pénétré de la sublimité de la sculpture, je n'ai pu me défendre de lui chercher des adeptes, des admirateurs et de hauts praticiens.

ESTHÉTIQUE DU SCULPTEUR

CONSIDÉRATIONS PRÉLIMINAIRES

§1. — DIFFICULTÉ D'ÉCRIRE AUJOURD'HUI UN LIVRE PHILOSOPHIQUE SUR L'ART. — Mathurin Régnier, le satirique, a mis en parallèle le poète et le forçat. Il nous souvient qu'il s'est accusé de prendre la plume

> Comme en une galère une rame à la main !

C'est qu'en effet, écrire est souvent un devoir; ce n'est pas toujours un plaisir.

Écrire! livrer de gaieté de cœur à l'analyse malveillante des jaloux ou à l'indifférence du grand nombre ce qu'on a de plus intime et de plus cher : sa pensée. Se dire que pour peu qu'une pensée soit noble, sérieuse, elle sera combattue et rejetée, si même, ce qui est plus triste, elle n'est étouffée sans lutte par un dédain systématique; ce sont là les angoisses d'esprit qui assaillent l'écrivain toutes les fois qu'il veut parler la vérité.

A quoi bon ? se dit-il. Je succède à des maîtres experts et nombreux. Où le maître n'est pas lu, que peut attendre le disciple ? Et pendant ce colloque attristé de l'homme d'étude avec lui-même, le bruit de la rue lui apporte la renommée surfaite des romanciers et des publicistes quotidiens.

La fiction qui endort, la polémique qui passionne se sont emparées des esprits. Mais les hautes pensées, les enseignements courageux, les doctrines spiritualistes qui assoient l'intelligence dans une paix lumineuse, en la faisant maîtresse d'elle-même, ce sont choses proscrites, dont l'influence et le nom vont d'heure en heure s'affaiblissant.

§ II. — L'HOMME ÉTANT UN ÊTRE DE PROGRÈS PEUT TOUJOURS APPRENDRE. — Vous entendrez tenir ces propos : « Encore un livre ! une « théorie sur l'art ! N'avons-nous donc pas tout lu « et tout approfondi ? »

Autant vaudrait avancer que la vérité totale est devenue la propriété de l'esprit de l'homme, et que, tout ayant été dit, il ne reste plus à dire.

Nous n'en sommes pas à ce point sur la route de

la vérité ; car, où la marche en avant ne sera plus possible, là sera Dieu. L'humanité, par un arrêt sublime, est vouée au progrès. Nous sommes des êtres de découverte. Aussi longtemps que l'esprit humain sera séparé du but vers lequel il aspire, il ne possédera que des vérités partielles, et son éternel honneur sera de s'user dans la recherche incessante du vrai, sans jamais désespérer de s'en approcher davantage.

§ III. — Raison de cet ouvrage. — En présence des obstacles que lui oppose l'inertie ou la légèreté, l'homme d'étude, l'écrivain d'art par exemple, a donc besoin, pour aborder sa tâche avec cet enthousiasme qui fait l'éloquence, de se sentir fortement attiré par son sujet.

Tel est notre état à l'endroit de la sculpture.

De tout temps, dès nos plus jeunes années, les œuvres de la statuaire nous ont retenu. Un charme invincible s'échappait du marbre ou du bronze et nous enveloppait dans une atmosphère de pensées. Nos sensations, vives et nombreuses dans ces entretiens muets, doublaient l'activité de notre esprit.

Nous nous sentions vivre deux fois.

Le monde extérieur faisait le vide autour de

nous, et de longues heures se sont passées ainsi dans la contemplation ravie d'une figure d'*Apollon*, de la *Vénus de Milo*, d'un groupe de Michel Colombe, d'un dessin de Flaxman.

C'était comme un fluide étrange qui, pour nous, se dégageait de l'œuvre du sculpteur.

Mais nous entendons les habiles nous répondre, en hochant la tête, qu'on n'écrit pas de tels aveux. La sincérité, l'enthousiasme, les aptitudes naturelles ! il n'en faut plus parler. Notre siècle a marché. Il a remplacé ces dons de Dieu par l'adresse et la volonté.

Notre civilisation nous étouffe, et parfois le penseur se demande s'il est le contemporain d'une époque d'activité qui remplit la vie en l'élevant, ou s'il est le témoin de la décadence fiévreuse d'une nation.

Les esprits, comme les corps, sont polis; mais leurs instincts n'ont rien de grand. Une extrême délicatesse, une subtilité merveilleuse couvrent l'égoïsme des actes et le vide des principes. C'est pourquoi tout élan spontané n'est plus de mise. La vérité reste naïve, et les peuples vieillards cherchent le raffinement.

Il ne suffit donc plus, pour justifier ses croyances,

de dire qu'elles répondent à un besoin du cœur. Le cœur est hors de cause depuis longtemps. Tout au plus cet appel inconscient qui nous vient de l'âme peut-il déterminer chez nous le genre d'étude qui devra remplir notre vie. Ce premier pas étant fait, une analyse approfondie, raisonnée, réaliste, j'allais presque dire matérialiste dans ses procédés, est exigée de quiconque tient une plume.

Cela s'appelle posséder son sujet.

On ne devient pas chirurgien sans avoir usé du scalpel.

Nos savants d'aujourd'hui tiennent plus du médecin que du philosophe. Leur science est expérimentale, et l'intuition n'occupe qu'une faible place dans leur vie intellectuelle.

Soit ! nous aussi, nous avons médité notre sujet, et il ne nous coûte pas de dire le motif réfléchi de nos préférences.

Car, encore que notre étude se soit faite lentement et sans violence d'esprit, contrairement à la méthode du jour, nous apportons des preuves à l'appui de notre doctrine.

L'art du sculpteur nous attire, parce qu'il peut être l'art le plus élevé et le plus populaire.

Mais avant de démontrer cette proposition, il nous faut parler de l'art.

Qu'est-ce que l'art ? Quel est son principe ? Quel est son but ? Ces hautes questions ne peuvent être éludées. Elles sont la base de toute esthétique.

CHAPITRE PREMIER

DE L'ART

§ I. — Définition de l'art. — Qu'est-ce que l'art?

L'art est quelque chose de plus que le savoir-faire. De la matière habilement pétrie ne constitue pas une œuvre sculptée. De l'encre et du papier ne font pas un livre en se fondant. Il faut à la matière l'action d'une pensée pour créer l'œuvre d'art.

L'art n'est pas davantage la passion d'un moment. Sans doute, il y a des engouements qui durent un siècle. Mais, dans l'histoire des peuples, de quelque durée qu'ait été l'empire d'un artiste ou d'une école aux principes faussés, ces éclipses n'ont pu faire que l'art ait changé son essence.

Qu'est-ce que l'art? J'hésite à le dire, tant le mot que je vais prononcer va paraître singulier. Si j'étais, pour ma part, l'inventeur de la définition que j'apporte, je me croirais tenu de la défendre. Ce n'est pas qu'il faille craindre pour elle aux yeux des générations futures ; mais en ce temps de positivisme étroit, elle serait probablement taxée d'étrangeté. C'est un ancien qui l'a trouvée. Sa parole a déjà traversé vingt siècles, et personne n'a mieux dit qu'Aristote.

Donc, le disciple de Platon, Aristote, définit l'art « une vertu ».

Assurément, il ne s'agit pas ici de la vertu morale, mais de la vertu intellectuelle.

L'une fait l'homme honnête et lui inspire la pratique du bien. L'autre fait l'homme aux grandes vues et le place dans un milieu réservé. L'une agit sur la volonté qu'elle dirige, l'autre sur l'intelligence qu'elle emporte.

Vers quel but ?

Plus haut que l'espace, vers un monde sublime et douloureux, où les âmes vulgaires ne sauraient vivre. Ainsi dirigée, l'intelligence va se perdre dans un océan qui est le fond de tout être et qui est sa fortune : la vérité.

Tel est l'acte de la vertu intellectuelle. Elle pénètre la vérité. Mais celle-ci peut nous être révélée sous deux aspects. Tantôt elle est principe et tantôt déduction.

Lorsque la vérité se présente à nous sous forme de principes nécessaires, irréductibles, son évidence nous frappe, sa clarté nous séduit. Or, la vertu d'intelligence qui s'empare de la vérité dans son essence, s'appelle le génie.

Que si, au contraire, la vérité nous est connue seulement par déduction, c'est la vertu de sagesse et la vertu de science qui la font notre bien.

Le génie est la force sans rivale. Tandis que la sagesse et la science sont assises sur la réflexion, le génie éblouit l'homme par une commotion soudaine, où la réflexion n'a point de part.

Le sublime est au-dessus de l'analyse.

Mais revenons à l'art, que nous avons défini une vertu intellectuelle. Quel est son rôle?

§ II. — La fonction de l'art est d'animer la matière. — L'homme se trouve en présence de deux codes, qu'il ne cesse d'écrire depuis la création : la règle de penser et la règle d'agir.

La pensée et l'action sont aux deux versants de toute vie humaine.

Et c'est ainsi que la vérité principe et la vérité

déduite, qu'elles soient la conquête du génie ou de la science, doivent être appliquées par nous à nos actes.

D'autre part, l'activité de l'homme est extérieure ou intime.

Lorsque l'homme entre en relation immédiate avec l'homme, c'est à la prudence qu'il va demander la règle de ses actes. Lorsque, au contraire, il cherche autour de lui, parmi les choses créées, quel sera son intermédiaire entre lui et l'homme, son action, pour un temps, cesse d'être extérieure. Elle devient une action intime.

Cet homme fait le silence dans son âme. Dieu lui envoie le sentiment de sa noblesse; il a conscience de sa force, il porte sur lui-même un regard élevé, puis, dans la plénitude de ses facultés, il agit.

Et quel est alors le but de son activité?

Donner une parole à la matière.

Étrange entreprise! Est-ce le génie qui va suffire à cette transformation? Non. La prudence sera-t-elle assez puissante pour opérer ce prodige? Pas davantage. L'homme est-il donc inépuisable? Quelle est la vertu qui sera sa compagne dans ce travail surhumain?

Vous l'avez dit avant moi: c'est l'art.

L'art est la vertu pratiquée pendant cette période laborieuse. C'est l'art qui transmet, par la main de l'homme, la vie et la pensée à je ne sais quoi d'inerte, qui tout à coup resplendit sous le regard de l'artiste.

Qu'est-ce qu'un peu de terre ayant la forme humaine? Qu'est-ce que trois coups de crayon sur du papier?

Ce n'est rien, et c'est tout.

Rien, si les doigts qui ont façonné l'argile ou tenu le crayon n'ont reçu le mouvement que de leurs muscles. Tout, s'ils ont obéi à cette vertu de l'esprit qui est l'art.

§ III. — L'INFLUENCE DE L'ART DOIT ÊTRE PERMANENTE ET UNIVERSELLE. — La prudence, vertu morale, règle de notre conduite ; l'art, vertu intellectuelle, loi de nos œuvres, doivent projeter une égale lumière sur les deux pôles de notre vie.

Car s'il n'est accordé qu'au petit nombre de produire le Beau, tous peuvent le comprendre. Celui-ci donne l'impulsion, cet autre la reçoit. En ce sens, chaque homme est artiste dans sa mesure, et l'art a sa place à tous les foyers aussi bien que la prudence.

L'art par excellence, ce n'est ni la peinture ni la statuaire. *Ars artium regimen animarum;* l'art suprême c'est le gouvernement des âmes. Et quel est l'homme qui n'ait au dedans de lui, sous la main de sa conscience, une âme à pétrir et à former! Ah! celui-là seulement pourra gouverner d'autres âmes, qui aura su fonder l'empire du bien dans la sienne. Celui-là seulement sera le vrai maître de la matière, si son âme s'est assouplie sous sa volonté droite et généreuse, s'il a été l'artiste de son être moral en se sculptant lui-même à la ressemblance de Dieu, selon la belle maxime de Plotin :

« Nous devons sculpter en nous, par nos œuvres, notre propre statue à l'image de l'idéale beauté ; seulement alors, nous aurons le droit et la puissance de la sculpter plus tard dans les âmes ou sur le marbre. »

Voilà ce que c'est que l'art.

Les anciens, qui n'ont rien oublié, formulaient ainsi les deux notions dont l'influence se répand sur toute vie. Ils disaient de la notion juste de l'acte moral : *recta ratio agibilium* ; de la notion juste de l'œuvre d'art : *recta ratio factibilium*.

Retenez ceci : *recta ratio*, la raison droite. C'est

la raison qui doit présider à nos actes aussi bien qu'à nos œuvres. L'acte et l'œuvre résument l'histoire de l'humanité, et la raison est la lumière d'en haut, elle est le guide, elle est l'éternel conseiller.

§ IV.— TOUTE INFLUENCE, POUR ÊTRE DURABLE, SUPPOSE UN BUT.—Nous venons de voir ce qu'est l'art dans son principe, il nous faut dire maintenant ce qu'il est dans son but.

L'art a-t-il un but, une fin reconnue, essentielle, nécessaire ?

Si l'art est une force, il ne peut échapper aux lois qui gouvernent toutes forces, de quelque ordre qu'elles relèvent. Qu'est-ce qu'une force ! C'est une puissance active. Il ne peut y avoir action sans mouvement. Tout mouvement dérive d'un principe, suit une direction et tend vers un but.

L'art a donc un but. — Quel est-il ?

§ V. — LE BUT DE L'ART EST LA MANIFESTATION DU BEAU. — La fin reconnue, nécessaire de l'art est la manifestation du Beau. C'est là son but essentiel et supérieur. Mais le Beau lui-même n'est point séparable du Bien. Il est un avec lui.

En effet, si nous remontons à la notion philosophique de l'être, nous nous trouvons en face de phénomènes accessibles aux plus humbles esprits, et que les artistes gagneraient à méditer.

Qu'est-ce que le Bien ? C'est, dit l'Ecole, ce que tout être désire.

Qu'est-ce que le Beau ? C'est ce que tout être veut voir.

Le Bien, *bonum*, fait que l'être se repose dans sa possession.

Le Beau, *pulchrum*, fait que l'être se repose dans sa contemplation.

Le repos de l'être, — *Ens*, — sa jouissance dernière, existant dans la possession du Bien comme dans la contemplation du Beau, nous sommes conduit à dire que ces notions, distinctes dans la langue parlée, doivent être considérées comme les deux aspects d'une même chose. La différence qui se peut établir entre le Bien et le Beau n'existe pas dans le principe, mais dans la relation des êtres avec le principe.

Le Beau fait appel à notre faculté de connaître, *vis cognoscitiva*.

Le Bien sollicite notre faculté de vouloir, *vis appetitiva*.

C'est ainsi que Dieu a voulu revêtir la vérité de

tout ce qui pouvait être un attrait pour l'homme. Il a frayé dans la montagne des sentiers multiples afin de rencontrer plus vite le voyageur attendu. A chacune de ses facultés il a fait son jour d'apaisement dans la possession d'un bien, qui n'est lui-même que le prélude du bien suprême et de l'éternelle beauté.

Les artistes voudront se convaincre de l'unité d'un principe que les esprits vulgaires ont essayé de diviser, et alors leurs œuvres, l'art, en un mot, puisera dans cette conviction du génie une sève que l'école moderne a trop rarement possédée.

Cependant, puisque les facultés de l'homme sont diverses et peuvent agir séparément, il ne sera pas inutile d'étudier leur action distincte dans la recherche du Beau. Sans doute, l'abaissement de l'art à notre époque doit être la conséquence d'une opération incomplète, mutilée. Si nous ne manquons d'intelligence, nous devons manquer de logique. Si ce n'est pas la volonté qui nous fait défaut, ne serait-ce point la droiture ou l'élévation dans le désir?

§ VI. — DE L'EMPIRE DU BEAU SUR L'INTELLIGENCE ET LA VOLONTÉ. — Le Beau s'adresse à l'intelligence. Il est le premier visiteur et le premier hôte. Il vient avec l'aube dans un rayon de lumière, dans le calme des flots, dans les parfums de la nature.

Vous avez vu passer un enfant, une jeune fille, un vieillard : vous vous sentez ému. C'est le Beau qui vous a touché. Il vous attire, il vous ravit. C'est à peine si vous l'avez entrevu, et déjà vous n'êtes plus complètement votre maître. Quelque chose qui n'a rien de raisonné vous emporte.

Le Beau ne se juge pas, il commande.

Interrogez Dante, Pétrarque, Raphaël, Phidias; demandez-leur ce que c'est que le Beau. Ils vous diront qu'on n'explique pas Dieu. Un certain jour, une vision céleste a passé devant eux; l'effort de leur génie a été de redire ce qu'ils avaient vu, et les siècles s'inclinent à l'envi devant le témoignage illustre de ces hommes épris de beauté.

Splendeur du vrai, la beauté pousse au cœur de l'homme des racines plus profondes que la vérité toute seule. Tandis que celle-ci se laisse contempler par l'œil du penseur et s'impose à lui sans l'enivrer, la beauté imprime à son être je ne sais quelles secousses impétueuses qui précipitent les pensées et les sensations au dedans de lui. Il y a comme une irruption soudaine, comme une lutte mystérieuse dans le secret de ses facultés. Combat gigantesque de Jacob avec l'Ange. Et ce n'est qu'après avoir resplendi sous ce rayon d'en haut que l'intelligence laissera filtrer la lumière jusqu'à la volonté.

Par un acte irréfléchi, dont la responsabilité ne remonte pas jusqu'à elle, l'intelligence se repose dans la contemplation de la beauté. Elle est en possession de sa fin, ne lui demandez plus rien.

Elle voit.

Faculté inconsciente, dont le rôle est de connaître sans juger, l'intelligence n'a qu'une mission de courte durée en tant qu'elle agit seule.

Mais plus l'intelligence est profondément remuée, plus est rapide l'appel qu'elle fait à la volonté. Le mouvement de l'âme cesse alors d'être simple pour devenir complexe. Ses deux facultés marchent de pair dans la voie lumineuse qui vient de s'ouvrir devant elles. C'est une même vibration qui les agite, un même attrait qui détermine leur activité, une même joie qui les inonde de sa plénitude.

Sans doute, c'est une marque de notre infirmité de ne pouvoir raconter en un mot ces phénomènes qui ont notre entendement pour théâtre. Il nous faut décrire successivement des opérations instantanées et multiples. Car l'analyse la plus subtile ne saurait dire où l'action de l'intelligence cesse d'être isolée pour se perdre dans le mouvement de la volonté qu'elle fortifie.

Il y a, principalement dans la rencontre du Beau par l'esprit humain, quelque chose de subit et d'irrésistible qui imprime une immédiate commotion à l'âme tout entière.

C'est une invasion de lumière, d'harmonie, d'extase qui ne laisse aucun lieu de l'âme inexploré. Cela se fait sans secousse, sans violence et cependant, nous l'avons vu, cette possession de l'intelligence et de la volonté par le Beau n'est pas consentie. L'âme n'adhère pas à la beauté, elle la subit. Mais, subjuguée dans le ravissement de toutes ses facultés, elle ressemble au captif qu'un vainqueur emporterait du lieu de servitude vers une terre enchantée. L'âme, dans sa défaite, aspire les parfums avant-coureurs du triomphe.

Joies ignorées, que l'homme ne peut que balbutier, combien d'âmes d'artistes vous ont connues ! Combien se sont reposées dans la contemplation religieuse du Beau !

Ne soyons pas surpris de trouver la beauté si vivifiante pour l'homme. Dieu étant le principe de toute beauté, l'homme qui s'asseoit à l'ombre du Beau se place de lui-même sur le chemin de Dieu. De là, cette force et cette joie.

Voilà donc l'intelligence et la volonté soumises à cet ébranlement sublime, inséparable de la contemplation du Beau. Mais si nous avons pu dire l'intelligence une faculté inconsciente, il nous faut reconnaître dans la volonté le régulateur de nos actes. Celle-ci est la puissance modératrice, maîtresse d'elle-même, et qui sait où elle tend.

L'intelligence voit ; la volonté juge. L'intelligence reçoit ; la volonté approuve ou condamne le don qui est fait à l'esprit. L'intelligence mise en possession du Beau n'est plus soucieuse que de comprendre ce qu'elle voit — *comprehendere* ; la volonté s'approche d'elle et la guide.

Mais d'autre part, la volonté n'a qu'un but qui est le Bien. C'est en lui que se repose notre faculté de vouloir. La volonté conduira donc l'intelligence vers son terme naturel, c'est-à-dire vers le Bien. Et si le Beau a été le principe du mouvement de nos facultés, le Bien en est la fin. Le Beau n'a fait que provoquer en nous des actes que notre volonté va produire dans le Bien. Car Dieu lui a marqué de toute éternité cette voie utile et honorable.

Si la volonté manque au Bien, elle manque à sa mission, je dis plus, elle manque à sa puissance, car elle a reçu d'en haut de saintes énergies pour aimer le Bien, l'atteindre et le réaliser.

La douce vision de la beauté n'eût pas incessamment traversé notre nuit, si ce n'eût été pour entraîner plus fréquemment la volonté de l'homme vers le Bien. Dispensé de ce rôle magnifique, le Beau ne produirait sur nous que la satisfaction tranquille qui découle du Vrai.

Le Vrai porte avec lui des joies profondes. Mais il est semblable à la pierre de jaspe ou de porphyre habilement polie : on l'admire, on la touche sans qu'aucune chaleur s'en échappe. Le Vrai se mesure. On le dissèque, on l'analyse.

Le Beau resplendit. Il rayonne, il échauffe, il vivifie. Quel lieu tient-il dans l'espace ? Demandez plutôt quel est le poids de la lumière, quelle est l'étendue de la chaleur ? On vous répondra que la lumière est le flambeau de la nature, que la chaleur fait croître la fleur et germer l'épi. Mais ni la lumière ni la chaleur ne se mesurent par la main de l'homme. Tel est le Beau. C'est lui qui éclaire, et de même que le soleil a pour conséquence la germination des plantes, de même le

Beau produit-il, par son irruption dans l'intelligence et dans la volonté, la réalisation du Bien.

Le principe du Bien gît au fond de l'âme comme le grain dans le sillon. Mais il faut à ce germe enfoui de fréquents appels du dehors, appels mystérieux qui feront de l'humble graine un arbre robuste. C'est le Beau qui est la lumière et la chaleur que Dieu met en contact avec l'intelligence afin que le Bien ne demeure pas inerte et stérile sous la glèbe d'une volonté sans vigueur.

Le Bien est donc tout ensemble la raison et le terme du Beau. Celui-ci n'est qu'un brillant levier dont Dieu se sert pour soulever l'âme humaine, et faire qu'elle gravite sans cesse autour du Bien.

Si le Bien n'existait pas, le Beau, qui en est le prélude, disparaîtrait du monde créé.

Il nous faut donc conclure que le Beau restant inséparable du Bien, l'art, qui est la manifestation du Beau, est tenu de produire dans le Bien.

Son principe et sa fin l'obligent à ne pas méconnaître cette vérité.

La mission de l'artiste, envisagée de ces hauteurs, est une chose sacrée.

CHAPITRE II

DE L'ARTISTE

§ I. Du génie. — Nous savons ce que c'est que l'art ; parlons maintenant de l'artiste.

L'art, avons-nous dit, est une vertu de l'esprit, et la vertu intellectuelle portée à son plus haut degré, c'est le génie.

Le génie est-il nécessaire à l'artiste ?

Nous avons parlé de la sagesse et de la science ; ces vertus sont-elles nécessaires à l'artiste ?

Oui, le génie, la sagesse, la science et l'art constituent l'armure de l'artiste.

Quelle est, en effet la genèse de son chef-d'œuvre ?

Il a vu dans son intelligence, — *intus legere*, — il a vu le reflet de l'incréé. Un rayon divin l'a traversé dans son âme, il a la révélation de la beauté. Pour une heure, sa puissance n'est plus celle de l'homme, il vit dans les sphères supérieures, il est le contemplateur de l'invisible, le voyant de Dieu.

La vision n'est que le prélude de l'amour. L'intelligence de l'artiste subjuguée, son cœur s'est penché. Les facultés maîtresses de cet homme ont battu les mêmes pulsations autour d'une idée. Son être a tressailli. La foi et l'amour l'ont inondé de leurs eaux créatrices. Il a senti sa poitrine se soulever. La joie de l'esprit, le bonheur de vivre l'ont visité. A l'homme de pensée succède l'homme d'enthousiasme, il va créer.

C'est alors qu'il saisit un peu de matière entre ses mains fiévreuses. L'œil fixe, le front haut, tout son corps a pris la pose du maître : il commande. A son ordre, les couleurs s'harmonisent, les sons se mesurent, la pierre s'amollit. La vie et la mort font un pacte, et voilà que la nature inerte prend une forme et une parole pour l'enchantement de notre esprit. Toutes les vertus de l'artiste sont en jeu. La sagesse tempère le feu de son génie, la science lui apporte l'adresse. Cet initié de Dieu reprend sans trembler l'œuvre de l'Éden. Il chante et il sculpte à l'image de son âme. De grandes amours le soulèvent. Sa taille est celle de l'ange. Debout sur son humble escabeau, cet homme peut défier les rois qu'il surpasse en puissance. Ce ne sont pas seulement les hommes qui se courbent devant lui, c'est le monde créé. Je me trompe, l'artiste n'a pas reçu la mission d'humilier, mais d'élever. On ne se courbe pas sur sa route, on le suit. Et dans son ascension magnifique vers les sommets, je l'entends nous dire avec le poète :

Voici mon orient, peuples, levez les yeux.

Tel est l'artiste. Tel est l'homme en qui la vertu de l'art s'est fait un cortège du génie, de la sagesse et de la science. Certes, l'influence de cet homme sera grande, parce que ses vertus sont nombreuses. Comment douter, après cela, de la puissance de l'art à toutes les époques et sur tous les peuples, si Dieu ne refuse pas à l'humanité de vrais artistes ?

Eux seuls sont les éternels conquérants.

§ II. — Le cœur de l'artiste. — Ce n'est pas la soif de la conquête qui manque aux artistes de notre temps. Beaucoup rêvent ce suprême commandement que confère le génie, mais beaucoup aussi se trompent sur la cause véritable de leur impuissance.

Combien de fois n'avons-nous-pas entendu des peintres et des statuaires se plaindre de la rareté des modèles ! Les temps de Sparte ne sont plus. Le gymnase où la jeunesse s'exerçait sans voiles à la lutte est fermé. Avec lui, nous dit-on, disparut l'école des belles formes.

C'est une erreur.

Winkelmann, qui a parlé de toutes choses avec l'autorité du critique et du philosophe, me ramène aux principes par cette grande notion :

« La beauté suprême réside en Dieu. L'idée de la beauté humaine se perfectionne à raison de sa conformité et de son harmonie avec l'Auteur de la création. »

Silence au doute. Arrière les regrets stériles.

C'est le lieu de rappeler aux artistes qu'ils seront puissants dans l'interprétation de la beauté s'ils savent porter en eux le type des vertus morales.

Nous venons de parler des vertus intellectuelles de l'artiste. Les vertus morales, dans lesquelles se résume plus spécialement ce que nous nommons « la vertu », lui sont indispensables.

Elles sont la condition du génie.

Sans doute, Pradier ne les voudra pas connaître, et, cependant nous serons plus d'une fois surpris de l'habileté de sa main, mais Pradier s'entendra dire par Gustave Planche dans une page fameuse

« qu'il manqua toujours du sens de la chasteté. » Mot terrible, qui, dans son laconisme, inflige à l'auteur de *Léda* le second rang parmi les maîtres d'un siècle que l'histoire, assurément, n'osera taxer de rigorisme.

Nul ne peut se dérober à la logique.

C'est en vain que vous prétendrez à l'honneur de parler une langue divine si le divin vous est étranger. Notre nature, taillée, il est vrai, aux proportions de l'infini, ne jouit pas d'une telle ressource qu'elle puisse se tromper sur elle-même.

Le génie de l'homme a été fait solidaire de sa vie.

Quiconque veut être grand dans ses œuvres devra l'être dans ses pensées. Et quel est l'artiste qui n'ait de hautes ambitions? quel est le statuaire vraiment digne de sa vocation qui ne se sente épris d'infini?

Combien d'œuvres sans tache, combien de marbres achevés, combien de statues où le terrestre n'avait point de place n'ont pas hanté les rêves du sculpteur! Eh bien, qu'il soit à lui-même son modèle. Que la vertu, loin d'être une chose de spéculation, bonne à certains jours, ait jeté son empreinte sur l'âme de l'artiste, comme lui-même inflige à la terre qu'il veut modeler l'empreinte d'une main résolue.

Qu'il soit sous son propre regard un praticien d'honneur, d'idéal, de patriotisme, de désintéressement. Qu'il s'écrie à toute heure avec le poète du *Psaume de Combat* :

> J'ignore quels écueils m'attendent dans la vie,
> Si mes noirs assaillants sont rares ou nombreux :
> Mais j'ai vu par delà ! L'idéal me convie ;
> Je ne sais si je puis, mais je sens que je veux.

Celui-là sera grand qu'un tel phare maintiendra dans le sentier de l'inspiration.

Et, parce que l'homme de bien produit naturellement des actes bons, l'artiste honnête, vertueux, convaincra ses contemporains de sa haute mission. Peut-être sera-ce à leur insu. Qu'importe? Ayez foi. Il ne saurait survivre quelque chose de révolté, d'invaincu chez un peuple dont vous aurez exalté l'imagination par des œuvres puissantes et toujours chastes! D'autre part, n'aurez-vous pas fait l'intelligence populaire plus lumineuse si vous avez pris soin de ne pas l'entraîner hors du vrai? A la volonté, n'aurez-vous pas imprimé une énergie plus grande en plaçant devant elle des exemples de vertu?

Est-ce que la mémoire des hommes de votre génération ne sera pas constamment remuée par les souvenirs de gloire auxquels vous aurez donné la mesure de votre génie ? Que parlé-je de souvenirs ? C'est trop peu. Les grandes figures du passé, quand on les fait aimer, deviennent le peuple de l'avenir. Puis-je voir le chancelier de l'Hospital, Corneille, Puget, Poussin, sans espérer que ces fiers citoyens vont revivre dans la politique, chez les poètes, les statuaires et les peintres de la génération qui se lève ? Vous serez donc, par votre vie, l'exemple, et par vos œuvres, la leçon d'une société dans laquelle humbles et puissants viendront chercher auprès de vous le mot d'ordre et la lumière.

Que le peuple docile, dompté par le prestige du nom, se fasse le complice de votre influence, ou qu'ignorant de votre génie, vous le sentiez indifférent, ayez la force de n'en tirer nul souci.

Quand une armée met le pied sur la terre ennemie, qu'a-t-elle besoin d'une soumission volontaire ? N'a-t-elle pas ses chefs, sa valeur, son plan de campagne ?

Elle sait qu'elle vaincra.

Vous aurez de même vos journées. Le peuple peut s'endormir encore pour une nuit dans ses joies fausses et sans noblesse ; si vous êtes assez fort pour remuer en lui les hautes passions, il sera votre disciple inconscient. Vous êtes déjà son maître.

§ III. — DE LA VÉNALITÉ. — Courage donc ! Ne songez pas à ce bien secondaire que les anciens appelaient le bien utile, *bonum utile*. Le bien utile n'est pas autre chose qu'un moyen, et le Beau qui se limite à ses étroites proportions produit l'art utile. Sans doute, on ne saurait blâmer d'une manière absolue l'art utile, quoique son nom éveille une idée d'amoindrissement ; mais le plus grand écueil de l'art utile n'est-il pas de dégénérer en un art vénal ?

L'art vénal ! c'est-à-dire ce qui se vend, ce qu'on achète ; l'art qui se paye, l'art en vogue que recherchent seuls les esprits vulgaires.

Androtion, le démagogue, n'a-t-il pas attiré sur lui les foudres de Démosthènes pour avoir sacrifié à l'art vénal ? Des couronnes d'or, expression de la reconnaissance des alliés, avaient été décernées à Athènes. Androtion crut qu'il lui était permis de les fondre et d'en faire des coupes. Démosthènes monte à la tribune :

« Androtion, s'écrie-t-il, en s'adressant au peuple, Androtion vous a ravi les monuments de votre gloire, il les a remplacés par des témoignages d'opulence, témoignages mesquins, indignes de vous. Il n'a pas vu que jamais le peuple n'a fait le moindre effort pour s'enrichir, mais qu'à la poursuite de la gloire il s'est montré plus ardent qu'en aucune autre entreprise. De là ces richesses immortelles qu'il a sauvées de ses désastres, la mémoire de ses actions, la beauté des monuments qui en consacrent le souvenir, les Propylées, le Parthénon, les Portiques, les Chantiers et non deux chétives amphores, ni trois ou quatre misérables vases d'or, que tu peux faire refondre, Androtion, quand il te plaira ! » [1]

§ IV. — DE LA SENSUALITÉ. — Vous ne voulez pas davantage vous arrêter au second degré dans l'art où se rencontre le bien délectable, *bonum delectabile*. Supérieur au bien utile, le bien délectable qui ne doit pas être regardé comme un principe, mais comme une conséquence, conduit fatalement à l'art sensuel. Ce qui flatte, ce qui passionne notre nature par ses côtés déchus est indigne d'occuper l'artiste.

[1] Κατὰ Τιμοκρατ.

§ V. — Du sens honnête. — D'un coup d'aile, l'artiste saura tendre au bien honnête, *bonum honestum*. C'est là qu'est le sommet où il doit se complaire, s'il veut élever. Là sont pour lui l'honneur, le devoir, la vertu. Et, par un retour nécessaire, l'art qui sera basé sur le bien honnête redeviendra sans péril l'art utile et l'art délectable. N'est-il pas utile, je le demande, qu'un peuple apprenne à respecter le génie, ce qui, pour lui, est le plus sûr moyen de le comprendre ! Et, bientôt, les maîtres rajeunis, retrempés dans des inspirations de haut souffle, trouveront délectable d'y reposer leurs âmes, et d'en vivre.

Or, si nos artistes savent apprécier la sainteté de l'art, qui n'est l'interprète du Beau que dans la mesure où il reste inséparable du Bien, mieux encore ils apprécieront son abaissement et ses hontes si l'on renverse les termes.

§ VI. — Responsabilité de l'artiste.

> O pétrisseur de bronze, ô mouleur de pensées,
> Considère combien les hommes sont petits....

Ainsi parlait Victor Hugo, s'adressant à un statuaire de ce siècle. Il éveillait d'un mot l'idée de responsabilité.

Ouvrons l'histoire.

Sans remonter bien haut, que dire de l'art du dix-huitième siècle en France ? On répète en vain que ce fut un art personnel, national même. Ces grands mots méritent discussion.

La patrie française n'est point représentée dans les toiles de Boucher, de Lancret ou de Watteau.

Nous sommes de plus haute taille.

Mais le milieu social au dernier siècle était abaissé. Les boudoirs avaient remplacé les salons du siècle précédent. On allait chez la Duthé comme autrefois chez Madame de Longueville. Et l'art, oublieux de sa responsabilité, ignorant, dans ses maîtres, des principes que nous venons d'exposer, ne fut qu'un reflet. Il fit plus étendue la popularité de mœurs amoindries. Non, cet art ne fut pas même personnel. Pour être personnel il ne faut relever que de soi. L'art du dix-huitième siècle releva de la cour et des ruelles. L'art n'est pas un valet. Ce n'est point sans raison que l'on dit « les maîtres » pour désigner les hommes qui tiennent un pinceau. Que sont donc ces hommes qui obéissent à la mode et à la corruption de toute une société ? Ils ont convenablement décoré, j'y consens, les chambranles des joyeuses demeures des philosophes, des princes et des actrices; mais j'entends sonner 89, et la nation, effarée devant le châtiment, va se recueillir. Qu'elle songe à ses loisirs de la veille! Les ruines qui s'annoncent ont été préparées de longue main! C'est en vain que la France interroge l'œuvre de ses artistes depuis soixante ans, elle n'y découvre pas une seule page qui contienne le moindre ferment d'éducation!

Au témoignage de l'histoire dans le passé correspond le spectacle de la vie publique dans le présent. Ce siècle a vu se lever en 1830 des hommes au fier génie qui travaillaient non pour le marché, mais pour la nation. Ils s'appelaient Delacroix, Ingres, Scheffer, Delaroche, David d'Angers, Rude, Duret.

Tous sont morts.

Leurs disciples sont des nôtres, mais les ateliers de ces légataires du génie ne sont pas hantés par de jeunes hommes avides de s'instruire des traditions. Si j'excepte les vieux maîtres encore debout, je suis conduit à dire que la pente est aux œuvres faciles, élégantes, d'un convenable placement. On les fait petites, présumant bien que le grand jour leur serait fatal et qu'il les faudra cacher dans quelque réduit. Où donc, parmi les hommes qui se lèvent, un second *Départ des Volontaires*, où donc un *Fronton du Panthéon*, où donc les *Femmes Souliotes*, où donc *l'Hémicycle* ?

Il y a des retraites qui sont des désertions.

Notre école contemporaine s'est désintéressée de la nation, et celle-ci s'en est allée à l'industrie, au trafic, sans que l'art et ses fêtes aient eu le pouvoir de la ramener à ces luttes intellectuelles d'il y a cinquante ans.

Or, l'avenir est là. Il nous coudoie. Ce jeune homme qui va prendre son rang dans le milieu social, c'est le député de demain. Élevé dans une atmosphère où l'art n'eut point de place, il ne songera pas que la peinture ou la statuaire puissent être de quelque secours dans le gouvernement d'un peuple.

Ceux-là sont les vrais artistes, ceux-là sont les maîtres et les guides de leur pays, dont l'atelier est orienté de telle sorte qu'ils puissent jeter un regard sur la place publique. Ce n'est point au peuple à dominer l'artiste, mais celui-ci n'a pas le droit d'oublier le peuple. Dieu lui a mis dans les mains un rayon de lumière. Qu'il comprenne sa tâche, qu'il se place généreusement sur le chemin du peuple et qu'il marche !

CHAPITRE III

DES SOURCES

§ I. — Nécessité de recourir aux sources.
— Vous avez entrevu les devoirs du maître. Le but marqué à votre génie, si haut qu'il soit, vous attire. Monter ne vous effraye pas. Vous voulez être grand, ce n'est pas assez, vous voulez être utile à votre pays, utile à la cause des idées.

Fier de vous sentir dans un corps d'élite, vous demandez comment vous y maintenir avec honneur. J'aime cette inquiétude du lendemain. Les hommes d'énergie ne permettent pas au lendemain d'être une surprise ou une déchéance. Ils veulent que chaque jour marque un progrès. Vous êtes de ceux-là. Vous vous êtes dit : « Je suis un soldat. Mais, à la différence de l'homme qui combat avec l'épée, moi je n'ai pas de chef qui me conseille, pas de camarades qui m'entourent. Je sais que nous luttons nombreux et je ne vois personne sur le champ de lutte. Où frapper ? Quel témoignage invoquer de mes triomphes de la veille ? Comment assurer la marche du jour ? »

— Vous n'êtes pas seul puisque vous avez d'une part votre génie, et devant vous les sources de l'inspiration.

Quelles sont ces sources ?

§ II. — Première source : la nature. — C'est d'abord la nature. C'est le monde créé. Personne n'a le droit de se priver des inspirations de cet ordre. C'est de la nature que nous vient l'appel sensible du Beau.

La nature est vêtue de beauté.

Dieu lui a donné ce manteau magnifique que nous appelons la lumière extérieure, l'ombre, les couleurs. Et si nous interrogeons le monde créé dans son chef-d'œuvre qui est l'homme, quel vêtement que la jeunesse ! Combien sont ravissantes les formes du jeune homme. Quelle pureté, quelle harmonie resplendit dans ce corps d'éphèbe où « toutes les parties doivent être et ne pas paraître » selon le mot ingénieux de Winckelmann. En effet, ce quelque chose d'inachevé, qui caractérise le jeune homme dans son corps, ajoute à la beauté.

N'y-a-t-il pas jusqu'à la blancheur de notre race qui ne repose l'œil de l'artiste ? Platon proclamait enfants des dieux les jeunes gens que la nature avait doués d'une peau blanche.

Que dire de l'attitude, du geste, de l'expression, autant de modes différents sous lesquels le corps humain se laisse percevoir par les sens ? On nous objecterait en vain que les situations diverses de la personne humaine sont avant tout le verbe d'une pensée sortie de l'âme, et qu'il faut se bien garder de s'arrêter à l'enveloppe qui est le corps. Nous répondrions que le Beau ne saurait exister dans l'art s'il n'y a équation entre l'idée qui jaillit de l'âme et la noblesse des formes qui la revêtent.

Les maîtres le savent bien. Aussi trouvent-ils dans leur cœur je ne sais quoi de surnaturel et de vivant, pour le jeter sur les yeux du vieil Homère, sur Ésope et Tyrtée, afin de nous montrer ces immortels infirmes transfigurés !

La nature est le premier échelon du génie. Elle est la source à portée de nos sens. Nous la voyons. Nous la pouvons tenir dans notre main. Celui qui refuse de croire à ses enseignements ne parlera jamais la langue universelle de l'humanité. Mais, pour être la base indispensable de l'œuvre d'art, la nature ne doit pas être considérée comme le terme de l'inspiration.

§ III. — Deuxième source : l'idéal. — Au-dessus de la nature sensible, l'artiste est aux prises avec sa propre intelligence. Selon qu'il a su rendre vivante et lumineuse en lui la sphère de l'idéal, il se sent à l'aise avec ses pensées. De leur souffle généreux elles le soulèvent pendant ses heures de création. Sa lecture intérieure est rendue féconde par l'ordre qu'il a su mettre dans ses études, dans ses aspirations, dans son génie. Ce sont comme des ailes vaillantes qui le soutiennent. Il lui semble qu'un monde inconnu se révèle à lui. Une loi qui n'a rien de la terre, l'entraîne vers un centre de gravité qui toujours le fuit dans des hauteurs inaccessibles. Ascension magnifique dont les limites demeurent ignorées.

§ IV. — Troisième source : le divin. — Mais ce n'est pas assez de l'idéal, il faut à l'artiste la pénétration du divin.

Signatum est super nos, lumen vultus tui, Domine. Cet artiste, ô Seigneur, qui tout à l'heure étudiait un reflet de votre beauté dans la nature créée ; ce statuaire qui s'est recueilli devant sa pensée, qui vous a cherché parce que vous êtes la fin de toutes choses, où va-t-il ?

Il monte.

C'est vous qui l'emportez.

Son front s'est éclairé d'un rayon de votre visage. Il pense, il aime, il implore et il voit. Plus il était grand parmi nous dans la société, dans la famille, dans le sanctuaire intime de son cœur, et plus il reçoit du ciel. C'est vous qui centuplez sa force et faites sa joie sans rivages. Et quand il va redescendre jusqu'au bloc de marbre qui l'attend, comme il portera la tête haute, l'œil résolu, la main ferme ! Son œuvre sera le verbe des pensées qu'il tiendra de vous. Grande aux yeux des hommes, sa statue les élèvera vers l'incréé, parce que l'artiste y aura fixé quelques traits de votre image !

§ V. — AUCUNE DE CES TROIS SOURCES NE PEUT ÊTRE IMPUNÉMENT NÉGLIGÉE. — Donc, pour qu'une œuvre soit parfaite, il faut que nous trouvions en elle un reflet de ces trois beautés : la nature, l'idéal et le divin.

A quoi bon ?

Le dernier terme étant supérieur aux deux

autres, qu'ai-je besoin de m'occuper des qualités secondaires de mon travail ? Où le divin se nommera, qu'importe que l'on trouve la trace de l'idéal et du terrestre ? La nature n'est que l'escabeau. Si j'habite les sphères de la pensée, si je monte plus haut encore, je ne veux rien de caduc et de limité dans mon œuvre.

Vous ne voulez pas de la nature et vous prétendez à l'interprétation de la beauté ! Dieu n'a pas eu cette puissance. Il a résumé la beauté dans l'exemplaire de sa personne qui est l'homme. Reprenant son œuvre, ne cherchez pas d'autre route. Quoi donc ? Ne suis-je pas doué de sens et ne faut-il pas à mon regard une beauté sensible ? Où sera le véhicule de votre pensée si vous rejetez la nature ? Où sera l'équation ? Où sera l'unité ? Où les limites sûres et clairement définies de votre inspiration ?

Au-dessus de la beauté sensible, la beauté morale et intellectuelle qui se dégage de votre œuvre se présente à l'œil de ma pensée. Elle converse avec mon esprit. Mon intelligence saisie par cette force invisible se sent transportée dans les régions élevées de la vérité, du bien, de la vertu.

S'il arrivait que mon âme demeurât sans passion

devant le travail de vos mains, c'est donc que vous n'y auriez pas mis l'aliment de cette étrangère qui se nourrit d'immortalité ? En vain, vous auriez flatté mon regard, remué ma pensée, j'attends que quelque rayon de l'éternelle beauté soit descendu jusqu'à vous. Je cherche si votre âme d'artiste s'est éclairée de Dieu, si votre main, si votre ciseau, ont su ravir quelque étincelle de ce feu qui donne le rayonnement aux œuvres de l'homme.

Nous vivons dans trois mondes.

Une triple respiration marque chacun de nos instants. Le monde sensible, le monde des idées, le monde surnaturel nous enveloppent et réclament en nous leur hôte.

Nous sommes citoyens de ces trois patries.

Or, toute action pour être efficace doit être proportionnée à son objet. Si telle est notre nature que plusieurs vies simultanées se confondent en nous sans se détruire, l'artiste qui comprend son rôle d'éducateur devra suivre l'homme dans les trois sphères où Dieu lui commande d'habiter.

Il n'y a pas de vie sans qu'il y ait un besoin, un appétit, une aspiration.

Vous ne serez donc « un maître » que si vous répondez par vos œuvres à ces interrogations multiples qui sont comme la plainte douloureuse de notre nature complexe.

L'homme veut qu'on lui parle en trois langues.

Tous les atomes de beauté que votre main d'artiste pourra saisir dans le monde créé, dans les régions de l'idéal, dans la sphère de Dieu, devront être fondus ensemble et former une même œuvre. De tous ces rayons vous ferez un prisme, et seulement alors je me laisserai vaincre par vous. Je m'avouerai votre disciple. Vous serez ma force. Votre génie fera jaillir en moi les hauts instincts précurseurs de la vertu. Je vous proclamerai le dispensateur terrestre de tous biens, parce que mon âme se sera désaltérée près de vous à toutes les sources qu'une main d'homme ait la puissance d'ouvrir.

§ VI. — Genèse de l'inspiration. — Un docteur de l'Église a divinement parlé de cette soif de l'âme. Artiste, il a traité, mieux encore que Platon, le thème inépuisable de la Beauté. Je l'entends, c'est saint Augustin ; ne dirait-on pas un statuaire en face de son rêve ?

« Je cherchais, dit-il, et voulais savoir sur quel modèle on juge de la beauté des corps, et je trouvais au-dessus de mon âme et de mes pensées, mobiles elles-mêmes, une lumière immuable, une éternelle vérité. Je montais de mes sens à l'âme qui sent par eux. J'allais à cette puissance intérieure à qui les sens apportent ce qu'ils apprennent, au point où s'arrête l'animal.

« J'allais encore, et j'arrivais à la raison, juge de ce que donnent les sens. Mais ma raison, se voyant elle-même, se vit mobile, et par cette vue s'éleva dans un lieu supérieur où elle se comprit.

« Alors, quittant le sommeil de l'habitude, et le tumulte des fantômes, pour trouver la lumière qui lui fait sa splendeur, elle s'écria : « L'immuable est au-dessus de ce qui change. »

« Ainsi ai-je compris, ainsi ai-je vu l'invisible à travers les choses que Dieu fait. Mais je ne pus fixer longtemps mon regard dans cette contemplation. Retombé sur ma propre faiblesse, rendu à l'habitude, je n'emportai de ce commerce d'un instant qu'une mémoire amoureuse, le regret et le souvenir des parfums de ce qui avait été pour mon âme un céleste aliment [1]. »

Telle est la torture de l'âme humaine à la recherche du Beau. Telle doit être la torture de l'artiste.

[1] *Confessions*, liv. VII, chap. XVII, 23.

L'artiste n'est-il pas le chantre, l'interprète de la beauté de Dieu ? Ce que nous voyons de lumière autour de nous n'est pas autre chose que la gloire et l'éclat du divin, *lumen vultus tui*. Exprimant cette vérité dans sa langue philosophique, saint Augustin dit encore : « Ces beautés que vous faites passer, ô mon Dieu, de l'esprit de l'artiste dans ses doigts créateurs procèdent de l'éternelle Beauté, souveraine des âmes, vers laquelle je soupire nuit et jour[1]. »

§ VII. — APPLICATION DES PRINCIPES A L'ÉCOLE FRANÇAISE CONTEMPORAINE.—Après avoir parlé des principes, descendons à l'application.

Un maître, dirons-nous, est celui qui sait vivre de ces trois vies : sensible, idéale et divine.

L'arbre donne sa sève. Ainsi de l'homme. Vivant d'une triple existence, trois signatures seront visibles sur son travail.

Je l'accompagne dans son atelier. Il a l'habitude de l'art, et cependant il tremble, dit le Dante :

Ch' ha l'habito dell' arte e man che trema[2].

C'est que la triple vision qui l'a remué dans son

---

[1] *Confessions*, liv. x, chap. XXXIV, 12.
[2] *Paradis*, chap. XIII

être est déjà loin de lui ! A peine quelques linéaments de beauté sont là sous ses yeux, dans un modèle sensible, mais l'idéal, mais le divin, qui les peut ranimer ? L'image aérienne, impalpable, mystérieuse s'est envolée.

Combien de luttes pour ressaisir le meilleur de son œuvre !

L'artiste a parfois l'œil baissé. Son front se ride, ses lèvres se ferment.

Il médite.

Mais le voilà qui s'agite sans violence. Son visage est redevenu souriant, ses doigts agiles façonnent la terre ou tiennent le pinceau. La vision céleste est revenue ! Alors Angelico tombe à genoux devant la madone qu'il va tracer sur le mur de son cloître, Michel-Ange mesure la Sixtine et craint qu'elle ne suffise pas à contenir ses Damnés !

On raconte qu'un sculpteur moderne avait taillé le corps du Christ dans un bloc de pierre. Mais le statuaire, oublieux de l'idéal et du divin, n'avait fait qu'un vulgaire supplicié du Dieu du Calvaire. Comme il dormait un soir auprès de sa statue, il crut voir en songe un ange qui la mutilait.

L'artiste s'éveille. Il a saisi le reproche.

Reprenant alors, l'œil en haut, la figure de

Jésus-Christ, il en fit une œuvre vivante et transfigurée.

Ils sont rares les artistes puissants dont les artères sentent battre ainsi toutes les pulsations de la vie.

Trois écoles, trois tronçons. Le souffle de la vision d'Ézéchiel passera-t-il bientôt sur ces débris?

L'école réaliste s'arrête à la nature sensible.

L'école idéaliste fait la part trop exclusive à l'imagination.

L'école mystique ne veut pas prendre terre.

Trois sœurs auxquelles il manque quelque chose et qui devraient former un seul groupe.

D'où viendra le salut? Quelle sera l'école libératrice?

Aucune, mais toutes les trois ensemble.

. . . . Que dire des partis ?
Lorsque nous étions grands ils nous ont faits petits.

Cet anathème plein de justesse, inspiré par la politique, se peut appliquer à l'art.

Des partis, pas de nation !

Des écoles, des coteries peut-être et nulle part l'École. Nulle part cette patrie des intelligences, cette république des « mouleurs de pensées » serrés autour du maître !

Comptez-les tous. Les plus grands n'ont pas même de disciples. Et, ceux qui, plus heureux, dispensent l'enseignement ne parviennent pas à retenir après d'eux les jeunes maîtres de demain. Partout des hommes de talent, personne qui impose.

Ils travaillent et ils s'usent.

Ce siècle penche vers sa fin, et l'historien d'art en présence de tant de forces dispersées cherche où est l'armée, où sont les chefs. Quel est le but, dites-moi, vers lequel tendent aujourd'hui toutes ces mains enfiévrées qui tiennent un ciseau ?

La dispersion n'est que le prélude de l'antagonisme.

Divisés, les hommes deviennent injustes. Sans grandeur, sans générosité, l'esprit ne conserve pas même la claire notion de ses propres intérêts.

Voilà pourquoi, renfermés dans un isolement funeste, les artistes de notre temps vont jusqu'à se tromper eux-mêmes sur la valeur d'un outil ou d'un peu de matière.

Pauvres chercheurs de vérité, à quelque groupe qu'ils appartiennent !

La vérité n'est pas ailleurs que dans l'union du naturel, du poétique et du divin. Si vous ne savez pas recourir du même coup à ces trois sources, vous ne serez pas excusable d'user de subterfuge pour rendre à vos œuvres ce que nul artifice ne saurait leur donner.

CHAPITRE IV

L'ART PLASTIQUE

§ I. — But de ce livre. — Ce que nous venons d'écrire sur l'art, sur l'artiste et les sources auxquelles il est tenu de recourir était une introduction nécessaire.

Il n'y a pas de discours sans exorde.

Mais nous n'oublions pas l'objet particulier de cette étude.

C'est de l'art plastique que nous nous proposons de parler dans ces pages ; c'est aux sculpteurs qu'elles sont offertes.

Ayant exposé les principes en dehors desquels la pratique d'aucun art n'est possible, cherchons à définir les lois de la sculpture.

On peut affirmer que la sculpture est l'art le plus élevé et le plus populaire.

Cette double proposition, nous nous hâtons d'en convenir, n'a cependant rien d'absolu.

Loin de nous la prétention, en développant nos

preuves, de donner à l'art plastique une supériorité sans conteste.

L'art est un.

Il est la manifestation du Beau.

Mais ce que nous nous proposons de dire sur l'excellence du mode plastique et sur sa popularité aura peut-être pour conséquence de renverser plus d'un préjugé et de fixer les esprits sur l'œuvre sculptée à une époque où le renom, les honneurs, la fortune semblent trop exclusivement acquis à l'œuvre peinte.

Peut-être aussi nous sera-t-il donné d'avoir éclairé quelque artiste dans sa voie et affermi sa vocation pour l'art de Coysevox et de Jean Goujon.

§ II.— Dignité de l'art plastique. — L'art plastique, disons-nous volontiers, est l'art le plus élevé.

Et cependant, toute œuvre sculptée n'a que des dehors obscurs. Le marbre est froid. La sévérité de la pierre monochrome a quelque chose de sépulcral.

Erreur.

L'œuvre peinte est entièrement de convention;

l'œuvre sculptée se rapproche de la nature. Elle prend notre forme ; ses mouvements sont vrais ; le lieu qu'elle occupe dans l'espace n'est point supposé. Elle est réellement un exemplaire de l'homme. Elle vit et palpite comme lui.

Mais j'entends l'objection : plus l'œuvre sculptée s'identifie avec l'homme par la similitude des formes, plus aussi l'art du sculpteur est un art d'imitation.

Eh quoi ! Dieu, qui donne à chaque homme la même forme, n'est-il donc qu'un froid copiste ? Est-ce que, au contraire, malgré leur unité primitive, les hommes d'une même race ne nous paraissent pas distincts par leur physionomie et leurs aptitudes ? Qui donc empêchera le statuaire de génie de varier ses types s'il sait être créateur ? Qui lui défendra d'allumer dans le regard et sur le front de ses statues cette flamme d'en haut que Dieu jeta sur le front d'Adam : la pensée ?

L'œuvre sculptée n'est pas seulement sévère, elle n'est pas seulement réaliste, on veut qu'elle soit encore une œuvre ingrate.

Je l'accorde ; au premier coup d'œil, l'œuvre isolée déconcerte un regard distrait. La statue nous apparaît souvent au milieu de la mêlée humaine, et le marbre solitaire qui domine les foules semble dédaigner leurs entraînements.

Qu'est-ce à dire? Ce contraste, fait pour choquer les esprits légers, n'est-il donc pas à l'honneur de la statuaire? Notre existence moderne est-elle une vie normale, n'est-elle pas plutôt une consomption?

Nous vivons debout, nous pensons en courant.

Regardez-y de près, toute grande œuvre dans le domaine des faits ou de la pensée a besoin de calme pour naître. Seule, la possession de soi fait les hommes de caractère. Or, la sculpture, qui n'est point un art de circonstance, saisit l'homme dans le calme, alors qu'une transfiguration s'est opérée dans son être. Elle attend qu'il soit sous l'empire d'un acte héroïque ou d'une inspiration sublime. C'est à cette heure décisive qu'elle a fixé ses traits dans le marbre.

Et l'isolement de l'œuvre sculptée est une limite bienfaisante proposée à notre étude. Un groupe de vingt statues exigerait, pour être apprécié, un long examen.

L'œuvre sculptée n'est donc pas ingrate, mais féconde. Elle appelle le regard sur toutes ses faces. Elle est l'image de la grandeur apaisée, incompatible avec une vie vulgaire, surmenée, d'où la pensée est le plus souvent bannie. Elle est et elle demeure, dominant notre course affolée. Symbole de force et de stabilité, les enseignements de la sculpture, s'ils étaient accueillis, seraient pour nos générations modernes un palladium contre l'abaissement des esprits.

Toutefois, nous supposons que l'art peut acquérir encore quelque influence sur les peuples.

Beaucoup ne partagent pas cette croyance.

Pourquoi ?

C'est qu'ils ont regardé le peuple, et, le trouvant indiscipliné, ces philosophes se sont bornés à constater le fait.

Ils ont ensuite enveloppé d'un regard sommaire l'art dans ses manifestations récentes. Et ni la peinture, ni la statuaire, ni même la musique ne leur sont apparues comme étant en relation directe avec nos mœurs publiques.

Ceux qui pensent de la sorte sont des réalistes à courte vue.

Une force est bienfaisante ou nuisible. Elle crée ou elle détruit. La force créatrice se trahit à chaque heure dans l'œuvre qu'elle achève et qu'elle pare. Dieu lui a mis cette gloire au front. C'est sa récompense et le signe de sa supériorité. La force dissolvante fait son œuvre dans l'ombre. Elle désagrège, elle dissèque à petits coups. Elle se fait invisible, on ne l'entend pas. Elle est la puissance occulte. De temps à autre un pan de mur croule avec bruit. C'est le fruit de son travail, c'est le cataclysme matériel ou moral, c'est la ruine préparée par le génie du mal.

Tout ce qui est de l'homme peut dévier. Une force créatrice devient un esprit de destruction. Et, pour peu que le philosophe qui s'instruit à la voix du siècle ne songe pas à remonter des faits aux principes, il ne verra que la face inférieure des événements.

A tout prendre, si je considère l'art au crépuscule du dix-neuvième siècle sans m'inquiéter de sa source et de sa mission, je suis amené à dire que l'art n'est pas une force.

L'influence n'est plus à l'art, elle est à l'industrie.

Après l'échange des idées, les transactions commerciales. Après l'œuvre, le produit. Les Grecs étaient plus grands que nous : ils menaient de front ces deux choses, dont nous avons rejeté la meilleure.

Ne soyons pas de ceux qui voient le fait sans l'idée.

Derrière l'art contemporain, il y a l'art qui nous a précédé. Plus haut que l'art moderne, plus loin que l'art antique, il y a le principe de l'art, et ce principe nous est connu.

§ III. — C'EST DANS LA REPRÉSENTATION DE L'HOMME QU'EST LIMITÉE LA TÂCHE DU SCULPTEUR. — La sculpture est l'art le plus élevé, parce que l'homme est son domaine exclusif. La peinture a pour elle la lumière et l'espace ; elle a l'insecte, l'arbre, la fleur, la montagne. Au-dessus de tout cela l'homme lui appartient encore.

Mais n'est-ce point un signe d'indigence chez le statuaire que cette nécessité de modeler l'homme à l'exclusion de toute créature pour parler sa pensée ?

Non.

Le peintre n'est artiste qu'à la condition d'épandre l'âme humaine sur sa toile. Qu'importe les contours ? La vie est tout. Or, la vie de la lumière et de l'espace leur vient de la poésie qui s'exhale de l'âme humaine. La vie diminuée de l'insecte, de l'arbre, de la fleur, le mouvement grandiose de l'océan, la majesté muette des montagnes appellent une vie supérieure qu'un seul être possède dans sa plénitude : l'homme.

L'homme est l'exemplaire unique des vertus de Dieu, et j'appelle l'art le plus élevé dans son but celui qui ne se lasse pas de chercher dans l'homme une image de la beauté de Dieu. Tandis que la peinture ramène lentement à ce terme nécessaire l'esprit de l'homme, la sculpture est impuissante à s'en détacher. La langue du peintre est une langue confuse. Alors même qu'il jette sa pensée dans l'infini, le peintre retient souvent, malgré lui, l'intelligence humaine sous le charme des couleurs, l'intérêt de l'action, la proportion des lignes. Il a vécu, j'y consens, dans l'idéal, mais les spectateurs de son œuvre demeurent dans le monde créé. Le paysagiste, l'animalier, le peintre de batailles ou de marine, vaincus par la difficulté de la traduction, ne nous sont-ils pas apparus maintes fois étrangers à toute pensée d'en haut? Les réalistes ne sont que les photographes du visible, ils ne recherchent pas l'idée mais l'objet.

La sculpture ignore de pareils abaissements ou, si elle s'aventure parfois, sous la main d'un indigne praticien, dans ces régions vulgaires, l'homme qui l'a courbée ainsi n'a pu produire cette déviation sans effort.

La sculpture est l'art des hautes passions. Le caractère se grave avec plus d'énergie dans la pierre que sur la toile. L'image d'un homme de génie n'est achevée que par le bronze ou le marbre. La sculpture a pour elle sa blancheur primitive. Tandis que le temps s'épuise a détruire l'œuvre du coloriste, c'est lui qui apporte à l'œuvre du statuaire la couleur. Il étend sur elle avec complaisance ces tons adoucis qui font moins sévère au regard l'image des héros, à mesure que leur figure grandit dans le passé. Nous le répétons, l'art du statuaire est le plus élevé dans son but, et conséquemment le plus moral.

Il est aussi le plus simple dans ses moyens. Je regarde le musicien. Je le vois entouré d'un orchestre. Des instruments de toutes sortes sont là, n'attendant qu'un signe pour vibrer. La langue des sons ne suffit plus au maître : il appelle à son aide toutes les féeries de la couleur. Les poses légères et sculpturales complètent son œuvre, dont les gammes enchantées se succèdent sous le chatoiements de mille feux.

Le peintre habite des palais. De riches étoffes,

des meubles de choix, des ornements de tout genre sont autour de lui. Ses couleurs nombreuses et variées se mêlent avec gradation sur sa palette. Des modèles aux poses multiples se tiennent immobiles et groupés sous son regard. Un empereur et sa cour sont debout, heureux d'être admis dans l'atelier de Titien. Vienne l'heure où le pinceau glissera par mégarde des doigts de l'artiste, c'est Charles-Quint qui voudra le relever.

L'atelier du statuaire est nu. Un peu de terre, quelques gouttes d'eau, un ébauchoir de buis, et c'est tout. Cette terre molle, gluante, sans attrait et sans relief va prendre une forme. L'artiste arrosera chaque soir avec patience son bloc d'argile. Il retranchera le lendemain pour ajouter ensuite. De sa main ferme il pétrira le front du penseur, les tempes du savant, les lèvres du poète. Son œuvre s'accomplit dans la solitude. C'est à peine si de temps à autre quelque rare modèle vient s'asseoir sur la table de l'atelier. C'est le silence, c'est la méditation, c'est la fécondité. Michel-Ange est appelé le « bourreau », tandis que son rival heureux se voit acclamé par la jeune Rome.

Plus les moyens d'atteindre un but élevé sont

simples, plus est incontesté le mérite de l'homme qui l'atteint.

Une redoute se prend d'assaut.

La sculpture est cette redoute. Peu de chemins y conduisent, mais on l'emporte de haute lutte par une inspiration de grand souffle, une étude de toutes les heures. Elle n'a pour elle ni la complicité de la lumière qui appelle la couleur et la produit, ni la docilité de l'atmosphère dont les atomes se changent en ondes sonores, mais il lui reste la pierre, sa consistance et sa durée. C'est ainsi que l'art statuaire est un art supérieur dans son but et dans ses moyens, parce qu'il est fait d'unité.

La vérité veut être acquise par une somme de travail. Toutefois, lorsque l'éducateur s'est imposé les longues études, l'être enseigné reçoit sans fatigue le grand don de la vérité. L'œuvre artistique qui est la manifestation du beau se perçoit par la vision dans la mesure où l'artiste s'est pénétré de son art. Le labeur consenti du statuaire rend son œuvre saisissable pour le peuple. Tout le travail étant d'un côté, la jouissance est de l'autre.

Après la conquête, la possession.

Le sculpteur s'est emparé de l'infini ; fier de son œuvre, il a condensé sa conquête dans un marbre qui vit, et, sans hésitation, l'œil de l'enfant se pose sur ce marbre et comprend ce qu'il dit.

Mais j'aborde ici la plus belle prérogative de la sculpture, je veux parler de sa popularité.

§ IV. — Popularité de la sculpture. —

L'art du sculpteur est le plus populaire. Tel est le second terme de notre axiome.

La popularité sera toujours la sanction dernière pour tout ce qui a trait aux idées. Elle est inséparable de l'universalité. Un pouvoir universel est un pouvoir souverain.

Est-il vrai que le peuple aime la sculpture ?

Le peuple de nos jours n'est-il pas avant tout déshabitué des choses de l'esprit ? Quelles sont les joies populaires ? Quelle est la soif intellectuelle des travailleurs de ce temps ?

Nul ne la peut nommer.

Les esprits se sont abaissés. Une littérature amoindrie, un théâtre malsain ont été les causes premières de cet abaissement. Puis l'art est venu, et l'absence d'une école spiritualiste a été pour le peuple le principe d'un éloignement général en ce qui touche aux œuvres de la pensée.

Nous ne pourrions donc affirmer que la sculpture soit aujourd'hui populaire, pas plus que les lettres, pas plus que l'éloquence. Mais si l'étude des caractères de la sculpture nous conduit à reconnaître en elle un art fait pour le peuple ; si l'examen des faits dans le passé nous révèle l'existence de cette popularité chez une nation, nous aurons prouvé du même coup que ce qui est possible et ce qui a été doit être.

Nous avons montré tout à l'heure que l'art du statuaire est le plus élevé dans son but. Nous l'avons dit le plus simple dans ses moyens. L'unité, qui est sa force, parce que l'homme est l'objet constant de son étude, fait la sculpture plus aisément comprise par l'esprit humain. Elle est l'art à travers lequel les explorations de l'intelligence sont moins sujettes aux tâtonnements. Les chemins y sont tracés. Là, moins qu'ailleurs, on s'égare. Des guides de plus d'un genre s'offrent à l'observateur au seuil même de l'étude qu'il entreprend. Les plus sûrs de ces guides, ce sont les trois dimensions sous lesquelles nous apparaissent les œuvres de la sculpture.

Avant de pénétrer jusqu'à notre esprit, la sculpture affecte nos sens dans une mesure qui n'appartient qu'à elle. Elle se laisse envelopper par le regard, qui n'a pas besoin de recourir à l'intelligence pour obtenir d'elle un compromis.

L'œuvre peinte ne peut être vue sans convention. L'œil et l'esprit vont de pair dans la simple vision d'une toile.

L'œil dit ce qu'il voit, l'esprit, ce qu'il faut voir.

Ici, les choses se passent autrement. Le témoignage de l'œil est complet. Aucune convention n'altère les contours de l'œuvre sculptée. Que dis-je! elle appelle le regard sur tous ses points. Pendant ce temps, l'intelligence reçoit dans l'immobilité les sensations que l'œil lui transmet, et n'entrant pour rien dans l'acte de la vision, elle juge avec une liberté plus calme les assertions répétées de son auxiliaire.

§ V. — L'ŒUVRE SCULPTÉE A SA PLACE EN PLEIN AIR. — Ce n'est pas tout. Le suprême privilège de la sculpture, c'est de pouvoir vivre où est le peuple. Comparez-la sous ce rapport avec la musique.

Celle-ci, pour être entendue, demande au peuple des sacrifices qu'il ne peut s'accorder. Nos théâtres sont inabordables pour l'ouvrier. Quel est le travailleur qui soit allé deux fois à l'Opéra? Les

Italiens sont-ils visités par un seul ouvrier dans l'espace d'une année ? Or, ce ne sont pas les érudits et les riches qui constituent le peuple. Ces heureux de la vie sous certains rapports seront toujours l'exception. Un art qui n'est accessible dans ses chefs-d'œuvre que pour ces privilégiés ne saurait être un art populaire et universel. Je le sais, l'Église a voulu donner au peuple dans ses temples le suave enivrement de la musique, mais le peuple des villes a désappris la rue qui conduit au temple.

L'œuvre peinte est moins cachée. Des galeries publiques la protègent encore, mais les portes en sont ouvertes. Le peuple peut entrer. Il sera là chez lui. C'est un progrès que la musique ne connait pas et qui fait plus grande la popularité de la peinture. Cependant tous les obstacles ne sont pas levés.

Le peuple ne peut visiter un musée qu'à ses jours de repos. Et le nombre de ces jours bénis, que Dieu avait institués pour le cœur et l'intelligence du peuple, plus encore que pour ses bras, le nombre des jours de repos diminue de plus en plus. Encore un peu, et les machines-outils auront pour pendant l'homme-machine. Les courroies et les meules ont fasciné l'intelligence du producteur, et dans son admiration pour la machine au fonctionnement perpétuel, on le voit exiger de son semblable des nerfs de bronze. Sans doute, il n'y a là qu'une servitude consentie, peut-être souhaitée de la part du peuple, mais le lucre n'est pas tout dans une vie d'homme. Au-dessus des intérêts de la matière existent ceux de l'âme. Le corps et l'esprit ne s'excluent pas : ils se complètent. L'un ne saurait vivre au détriment de l'autre, et la sagesse des lois humaines se peut mesurer à la double sauvegarde que ces lois assurent à l'homme. Que sont les sociétés et les gouvernements, sinon la puissance dirigeante? Et quelle direction prétendez-vous imprimer aux actes d'un peuple si vous n'avez préservé chez lui le principe inviolable et personnel de ses actes : l'âme?

Le jour du repos, c'était la respiration de l'âme. Rendez au peuple ce bienfait si vous ne craignez qu'il étouffe. Déjà trop de convulsions terribles nous ont appris son malaise.

Les joies que porte avec elle la contemplation des œuvres peintes ne peuvent donc être connues de l'ouvrier que pendant ses jours de repos. Le temps lui est compté lorsqu'il travaille. Mais, lui sera-t-il aisé, même aux heures de son loisir, de s'éprendre de peinture? Non. Le repos pour lui, c'est la liberté, c'est l'excursion loin des villes, ce sont les joies simples de la famille goûtées en commun. Le travailleur, fût-il donc initié de longue date aux beautés de la peinture, ce qui n'est pas, hésiterait encore à demander fréquemment aux siens le sacrifice de leur liberté, pour les conduire dans nos galeries étroites au pied de quelque chef-d'œuvre.

Ce qui appartient vraiment au peuple, c'est le forum, c'est la place publique, c'est la rue. Et j'admire qu'un art ait été conçu dans de telles conditions, que non seulement il n'est pas déplacé dans la rue, mais qu'il s'y trouve en son lieu. La rue est au peuple. Qu'il travaille ou qu'il se repose, c'est le peuple que nous coudoyons dans la rue. C'est lui qui va, vient, s'arrête, reprend sa marche et fait la vie de nos cités. Ce bruit, et ce mouvement, cette voix confuse et distincte tout ensemble, ces pas, ces gestes qui étonnent dans une grande cité, c'est le peuple. Il vit et se meut au grand air.

Pendant que le penseur médite en sa demeure, que l'homme d'État se renferme dans les palais, le prêtre dans le temple, l'ouvrier sillonne le sol de nos villes. L'usine ouvre sur la rue.

§ VI. — DE LA DÉCORATION DES PLACES PUBLIQUES AU POINT DE VUE DE L'ÉDUCATION DU PEUPLE.

— C'est donc ce terrain qu'il faut peupler de statues comme il est peuplé de travailleurs.

L'éloquence d'une œuvre sculptée est centuplée par sa vie en plein soleil. Que l'on essaye de cette prédication, plus saine assurément, si on la surveille, que celle du cabaret et du club qui ne saurait être surveillée, et l'art redeviendra puissant en devenant populaire.

Que si l'on trouve exagérée ma demande, je dirai :
« Les Grecs faisaient ainsi. »

Suivez Pausanias dans ses voyages à travers l'Attique et la Laconie ; suivez-le dans l'Élide, à Corinthe, à Messène, en Phocide, et vous l'entendrez dire :

« Sur le chemin qui mène de Delphes au mont Parnasse, à quelques soixante stades de la ville, vous voyez une statue de bronze. Là, le chemin commence à devenir plus facile, non-seulement pour les gens de pied, mais aussi pour les mulets et pour les chevaux, jusqu'à l'antre Corycius[1]. »

---

[1] PAUSANIAS, *Voyage historique de la Grèce*, livre x, tome IV.

Ainsi ce n'était pas assez pour les Grecs d'élever des temples et de les orner de statues, du seuil au fronton, ce n'était pas assez de marquer la limite de leurs places publiques, les portes de leurs cités, la plate-forme de leurs môles par des œuvres sculptées, ils avaient du marbre ou du bronze pour un chemin perdu !

La solitude, l'escarpement du sentier n'effrayaient pas ces vrais artistes. Ils savaient qu'un homme, pâtre ou étranger, foulerait quelque jour le gravier de cette route, et ils y apportaient un Hermès. Ah ! je ne m'étonne plus si la sculpture a été populaire dans l'antiquité. Elle était vraiment le trésor du peuple. Elle était la joie de son esprit, le ravissement de son regard. Quiconque portait accablé le poids du jour ou du travail heurtait du pied je ne sais quelle muraille. Il levait la tête. La muraille était un socle, et sur ce socle une figure humaine, pleine de calme et de noblesse, faisait le travailleur consolé.

Imitons les Grecs dans ce culte du beau dont ils avaient fait un culte populaire. Chaque jour, de louables efforts ont pour but d'améliorer le sort du peuple. Aux rues étroites et sans lumière succèdent de larges promenades. C'est le soleil, ce sont les fontaines et les grands ombrages, c'est l'air pur et avec lui la santé. Des noms qui n'ont rien d'antique servent à définir ces créations utiles. On les appelle des « *squares* ». Qu'importe le nom ? Ce qu'il faut, c'est que ces *squares* soient ornés d'œuvres d'art. La sculpture leur apportera cet achèvement qui consacre les belles choses. C'est par elle que ces lieux de repos permettront à l'âme du peuple de respirer le beau. Que la sculpture soit l'atmosphère de l'ouvrier. Qu'il se nourrisse des lignes heureuses, vêtement des fortes pensées, et nos générations industrielles connaîtront le secret des joies élevées qu'elles désapprennent de plus en plus. L'art aura reconquis son influence d'autrefois. Le peuple redeviendra meilleur.

Tels sont nos vœux et telles nos espérances.

§ VII. — LA POPULARITÉ DE L'ŒUVRE SCULPTÉE DÉPEND EN PARTIE DES STATUAIRES. — Mais cette révolution dépend surtout des artistes. La popularité que nous ambitionnons pour leurs œuvres serait une magnifique récompense de leur travail. Qu'ils s'appliquent à la mériter.

Cette sanction dernière est réservée à leur génie s'ils se montrent les gardiens jaloux d'un art fait de noblesse. Qu'ils marchent affermis dans la sagesse et dans la science. Qu'ils soient des hommes d'enthousiasme à une époque de calcul et d'analyse. Qu'ils soient des hommes de désintéressement en des temps de hideuse vénalité. Qu'ils fassent de l'intelligence du peuple le satellite de leur pensée. A eux de convaincre l'ouvrier de la force d'attraction d'un cœur vaillant. Ils susciteront ainsi les décrets par lesquels les gouvernements feront une place d'honneur à leurs œuvres dans nos villes d'industrie.

Seuls ils placeront plus près de Dieu l'esprit du peuple, parce que l'enthousiasme est un élan vers l'infini.

Jeunes gens, jeunes gens, vous qui tenez l'ébauchoir et le ciseau, vous tous qui serez des maîtres, au nom du travailleur aigri, au nom de la France, au nom de votre art, jetez en Dieu votre génie, et en avant !

En Theos ! de l'enthousiasme !

Traversez notre nuit avec des fronts heureux et pleins de pensées. *En Theos !* élevez le peuple que ce siècle a fait ignorant de l'idéal. *En Theos !* emportez-nous dans le divin !

CHAPITRE V

MÉTHODE INTELLECTUELLE DU SCULPTEUR

§ I. — MISSION SOCIALE DE L'ART ET PARTI-
CULIÈREMENT DE LA SCULPTURE. — Nous avons
vu que la sculpture est l'art le plus élevé et le plus
populaire.

Nous voudrions qu'on se pénétrât de l'importance d'un tel axiome.

Ne répond-il pas, en effet, au double besoin de notre époque ?

Quelle est la plaie de l'esprit chez les individus ? L'absence d'idéal. Quelle est la plaie de la nation ? L'abaissement du peuple.

Quelque chose d'élevé, qui puisse, sans rien perdre de sa dignité, devenir populaire, voilà ce qu'il faut à ce siècle.

Certes, ce ne sont pas les plaisirs qui manquent au peuple.

César est devenu légion.

Les princes sont détrônés, et les écrivains

comme les artistes, comme les orateurs, trouvant les trônes vides, se sont tournés vers la rue.

En quelque lieu qu'on se place pour asseoir sa vie, on est toujours plus haut que la rue.

Ceux qui flattent le peuple regardent au-dessous d'eux.

La pensée ne sait pas descendre sans compromission.

Donc, tous les flatteurs populaires, gens de plume, de ciseau, d'archet ou de crayon ne jettent à leur souverain que des pensées vulgaires, des jouissances diminuées.

Ils ne lui font que des plaisirs qui tuent.

Ils n'instruisent pas, car instruire, c'est élever.

A Dieu ne plaise que le peuple cesse d'être pour nous le but dernier de nos efforts ! C'est lui que nous voulons atteindre ; c'est lui que nous essayons d'initier. Loin de nous la pensée qu'une vie d'homme soit convenablement remplie si elle n'a servi qu'à l'éducation ou au plaisir d'un petit nombre.

Nous n'admettons pas, en principe, qu'il y ait les privilégiés de la joie lorsque la douleur est répartie sur tous. Mais si nous prétendons nous rapprocher du peuple, c'est en l'appelant jusqu'à nous.

La statue ne va pas sans piédestal. Il en est de même de la pensée.

Telle est la règle. Le jour où vous rampez à ce point devant l'homme privé d'idéal qu'il puisse vous supposer de sa race, n'espérez rien de lui. Sans prestige à ses yeux, vous l'amuserez peut-être, vous ne le convertirez pas.

Il faut à la conversion de l'homme quelque chose de supérieur et de divin qui le saisisse en l'élevant. Si bas que soit tombé l'être déchu, il y a toujours en lui quelques restes que la fange n'a pas submergés. Ce sont peut-être, pour beaucoup, des lueurs indécises, des souffles intermittents à peine saisissables.

Qu'importe ?

Dieu fera son œuvre. Multipliez les enseignements, jetez de hautes pensées sur cette foule, et Dieu dirigera vos pensées vers ces souffles perdus qui, ravivés, deviendront puissants et généreux.

Et quelle forme prendra la pensée de l'homme de bien, de l'artiste, pour être sûrement populaire, si ce n'est la forme sculptée ?

En effet, l'œuvre sculptée, par sa vie en plein soleil, est de toutes les manifestations de l'esprit la plus accessible pour le peuple. Mais l'œil regarde et ne voit pas! Des statues décorent nos places publiques, nos parcs, nos fontaines, et nous ne surprenons pas dans le regard de l'homme de travail la trace de son admiration.

Ce sont donc des œuvres fermées pour lui !

Il n'y a d'œuvres fermées que celles qui ont l'apparence de la vérité sans être vraies de tous points.

Nous avons vu ce qu'est l'art dans son principe, ce qu'il est dans son but. Nous avons défini les sources auxquelles l'artiste doit puiser. Instruit de ces trois choses, que manque-t-il au sculpteur pour produire des œuvres ayant tous les caractères de la vérité ?

Il lui manque la méthode.

§ II. — Nécessité de la méthode. — Est-il opportun d'aborder un pareil sujet ?

Ou nous écrivons pour les hommes médiocres, et toutes les méthodes n'ajouteront rien au vide de leur pensée, ou nous souhaitons d'être lus par des artistes capables, et seule l'inspiration sera leur guide.

C'est une erreur.

Il n'y a point d'art sans méthode.

Quel a été le premier des arts dans l'ordre du

temps ? L'éloquence. Le jour où le besoin de la persuasion s'est fait sentir dans un cœur d'homme, la parole s'est assouplie, rhythmée. Le geste et l'attitude ont complété le verbe. La passion a dit à l'âme de se répandre. L'éloquence était née.

Or, un orateur célèbre, Cicéron, a posé cette loi : « *Ut ratione procedat oratio* », il importe que le discours procède d'une méthode. Si donc l'orateur qui est à lui-même son foyer, son champ d'action, lui qui crée, si j'ose dire, la matière dont il se sert, ne peut se passer d'une méthode, quelle ne serait pas la ridicule prétention de l'artiste qui voudrait s'affranchir de toute règle !

Comment définir les arts du dessin ?

— Une représentation dans l'espace.

Quel doit être l'objet de la sculpture ?

— L'expression d'une idée par la forme.

Quelle sera la matière mise en œuvre ?

— L'argile.

Le statuaire, moins favorisé que l'orateur qui agit dans la durée, pose son travail dans l'espace. Il fait appel à la forme, il doit pétrir l'argile avant d'avoir parlé sa pensée.

L'argile, c'est-à-dire une parcelle de ce sol pesant sur lequel nous marchons, un peu de poussère détachée du globe dont le Créateur a fait la base de la nature physique.

C'est en méditant sur l'union intime de la matière avec la pensée, sur la transfusion de vie qui constitue le travail du statuaire en présence d'une terre incolore, froide, rebelle, qu'Ottfried Müller appelle l'art « une seconde nature ».

Si la définition du savant critique de Gœttingue peut être acceptée, la nécessité d'une méthode s'impose à l'esprit.

En effet, la nature est essentiellement ordonnée. Des lois inflexibles et nombreuses la régissent. Dieu, l'artiste souverain, étant lui-même l'ordre infini, a créé toutes choses dans l'ordre.

A la nature renouvelée, à cette création quotidienne qui fait de l'homme l'imitateur de Dieu, à l'art du statuaire, il faut une méthode, un chemin connu, droit et sûr, qui porte l'artiste jusqu'aux sommets de l'idéal.

§ III. — DE LA MÉTHODE APPLIQUÉE AUX FACULTÉS DE L'ARTISTE. — Quelles sont les facultés que le statuaire doit subordonner au procédé ?

Son intelligence, sa volonté, son activité. En d'autres termes, l'âme et le corps de l'artiste ne pourront créer dans la plénitude de leur force si le frein d'une méthode ne leur est infligé. C'est l'intelligence qui perçoit le beau et la volonté qui le sent. De la connaissance du beau et de l'émotion esthétique jaillit, comme d'un double fluide, une pensée. Toute pensée de sculpteur est relief. Toute pensée de peintre est lumière.

La vibration prolongée de l'intelligence et de la volonté communique un ébranlement salutaire à l'être tout entier. La soif de l'expression met en mouvement son activité. L'œuvre qui va sortir de ses mains lui apparaît sous une forme incomplète. N'importe. Il se sent possédé du besoin d'agir. Il souffre du mal divin qui a fait Dante et Phidias. Cette fièvre, ce terrible et doux labeur, durera jusqu'à l'heure où l'idée pressentie aura reçu son équation dans une forme typique.

Telle est la période pendant laquelle le statuaire doit agir conformément à des règles posées.

Et quels ont été les législateurs?

— Le goût, l'expérience et le génie.

§ IV. — Une forme traditionnelle s'impose au sculpteur. — Toute pensée qui se présente à l'esprit ne renferme pas un sujet.

Ne sait-on pas que la sculpture n'est pas libre d'inventer une forme? Imaginez un hippogriffe étrange. Remplacez le cheval ailé par le corps d'un reptile, la tête de griffon par celle d'un léopard, vous aurez produit je ne sais quel monstre. Hoffmann va le décrire, Callot et Gavarni en laisseront le dessin : aucun sculpteur ne pourra le modeler.

Dantan jeune, qui s'est aventuré jusqu'aux frontières du grotesque, — et dont les œuvres sont oubliées, — n'a pas cru possible de créer une forme.

Si donc une pensée bizarre a traversé l'esprit du sculpteur, qu'il la repousse.

§ V. — L'ŒUVRE SCULPTÉE DOIT AVOIR UN CARACTÈRE NATIONAL. — D'autre part, son art, le plus élevé parmi les arts du dessin, doit être, l'expression d'un peuple. Toute œuvre sculptée est un témoin. Que ce soit un témoin de l'idée vivante, des faits gardés par l'histoire, des croyances pratiquées, des mœurs, des coutumes, de la poésie, il faut que l'œuvre sculptée résume, sous un certain aspect, le génie d'une nation.

A d'autres arts, moins bien partagés sur un champ plus vaste, le droit de s'attarder à l'épisode, au genre, à la fantaisie. Le statuaire est né pour des destins plus hauts.

Il ne crée pas la forme. Son œuvre doit exprimer une idée nationale. Voilà tout d'abord deux principes dont la lumière ne vacille pas.

Mais, si mon intelligence a nommé le beau, la forme humaine pourra-t-elle vêtir ma pensée? Statue, parlera-t-elle à mes contemporains?

§ VI. — L'UNITÉ EST LA CONDITION PREMIÈRE DE L'ŒUVRE D'ART. — Établissons d'abord que l'œuvre d'art n'existe pas en dehors de l'unité. L'essentielle condition de son éloquence sera donc la direction précise de tous les éléments qui la constituent vers un même terme. Que le geste ne contredise pas l'attitude, le sourire des lèvres la sévérité de la draperie, l'âge du modèle l'action qui l'occupe.

On ne parle pas deux langues à la fois.

Certains artistes veulent trop dire. A les entendre, le moindre cheveu d'une figure a son langage, sa signification nécessaire. C'est aller trop loin sur le chemin d'une noble ambition. Sans doute, les *Niobides* et *Laocoon* sont de la douleur faite marbre, mais encore que la torture de ces illustres lutteurs soit répandue sur leur corps tout entier, il ne serait pas malaisé de signaler certaines fractions de l'épiderme qui sont à l'état de repos. Les plans agrandis, le silence des accessoires laissent dominer le cri des victimes.

§ VII. — L'ÉRUDITION INCLINE LE SCULPTEUR VERS LE DÉTAIL ET NUIT SOUVENT A L'UNITÉ DE SON ŒUVRE. — Ce n'est pas tout. L'unité d'un sujet ne dépend pas seulement de la façon dont on l'envisage dans son principe. Qu'il y ait accord entre les parties d'une composition ; que celles-ci soient fondues ensemble, cela va de soi. Mais, trop souvent, l'artiste irréfléchi ne sait pas maintenir son œuvre dans un même ordre de pensées. Un statuaire a-t-il à représenter quelque héros du moyen âge ? On le voit dépouiller les chartes, réunir des estampes, consulter les archéologues.

Que cherche-t-il ? Un trait de caractère, des éléments de ressemblance physique ?

Rien de tout cela.

C'est le costume qui le préoccupe. Il veut être vrai jusqu'au plus humble détail. Il a compté les mailles et les agrafes. Ne lui dites pas que la cuirasse est trop lourde, le brassard sans beauté, il vous opposerait les enluminures d'un manuscrit !

Trop de science peut nuire à l'art. L'érudition l'étouffe.

Votre sujet relève-t-il des faits ? Que le personnage soit en mouvement. Est-ce un penseur que vous voulez modeler ? Que le corps soit immobile et comme subjugué. Sur l'image d'un soldat, jetez un manteau d'héroïsme ; sur le visage d'un saint, que je sente vivre une âme immolée ; sur les lèvres d'une mère, dans les caresses de l'enfant, sachez écrire la douce puissance de l'amour.

Et ainsi votre œuvre n'aura pas violé la loi de l'unité.

Que me fait cette couleur locale dont vous prenez tant de souci ?

Vous voulez être vrai ? Consultez l'âme et consultez le peuple.

Consultez l'âme de votre modèle. Écoutez ce qu'elle dit. N'essayez pas de couvrir sa voix par le cliquetis des détails. Que la matière apaisée, docile, presque tremblante, rende l'accent d'une passion sincère.

Et, maintenant, consultez le peuple.

Votre œuvre sera-t-elle populaire ? Assurément, si votre marbre est l'expression d'un principe religieux, d'un fait historique, d'une pensée morale universellement connus et appréciés.

§ VIII. — DES GENRES EN SCULPTURE. — LEURS CARACTÈRES; LEURS LIMITES. — Essayons de définir les genres auxquels l'artiste devra recourir s'il veut que l'œuvre qu'il va sculpter soit une expression nationale.

Les théogonies d'Athènes et de Rome nous laissent sans émotion. C'en est donc fait de Jupiter, de Mercure, de Minerve, en tant que divinités? Ces personnages sont-ils à jamais bannis du domaine de la statuaire?

Non, sans doute, mais l'intérêt qu'ils éveillent s'est déplacé. Ce n'est plus l'idée religieuse qui se dégage de leurs effigies, ce peut être une pensée morale.

§ IX. — SCULPTURE RELIGIEUSE. — Jupiter a cessé de gouverner l'Olympe, depuis que l'Olympe est désert; Mercure est dépossédé de son divin patronage sur le commerce; Minerve ne couvre plus l'Acropole de son égide protectrice. Mais que Jupiter, et Mercure, et Minerve, sous le ciseau d'un grand artiste de ce temps, deviennent la triple allégorie du commandement, de l'adresse et de la prudence, son œuvre sera pour nous une expression nationale, parce que la société moderne, qui a rejeté loin d'elle la légende mythologique, a gardé, en l'élevant, la notion du commandement, de l'adresse et de la prudence.

On le voit, les dieux païens ne sont d'aucun secours à l'art plastique chez les modernes. Si l'image de Minerve ne peut être une expression pour nous qu'autant qu'elle aura été parée des attributs de la prudence, nul doute que l'effigie d'une jeune femme, revêtue du même caractère, eût offert un égal intérêt. En un mot, les dieux de la Fable n'ont de mérite à nos yeux que par ce qu'ils disent. Le rang qu'ils occupèrent sous le règne de croyances évanouies n'est rien pour nous.

Le statuaire devra donc méditer sur l'idée actuelle que peut exprimer son marbre, s'il veut emprunter son sujet à l'histoire des dieux.

Entre la Fable et le Christianisme, un abîme est béant. Le vieux monde s'y est englouti; le monde moderne y a son point de départ. Une ère nouvelle, qui est notre ère, date de l'heure fameuse où le culte antique s'est brisé contre la Croix. La religion du Christ étant la condamnation des vices honorés par un peuple sensuel, aucun lien religieux ne rattache la société moderne à l'antiquité.

L'art religieux, pour nous, c'est l'art chrétien.

§ X. — Sculpture historique. — Si nous passons de la sphère des croyances dans le domaine de l'histoire, il nous semble que la distance entre les deux mondes est moins grande, la rupture moins complète. Les guerres, les séditions, les traits d'héroïsme de l'antiquité ne se trouvent pas démentis par notre histoire nationale. Ce sont bien les mêmes vertus et les mêmes fautes. Toutefois, chez les peuples modernes éclairés par des enseignements que les Grecs n'ont pas connus, les fautes sont moins irrémédiables, les vertus multiplient le dévouement et l'oubli de soi.

Au point de vue de la statuaire, le patriotisme de Léonidas exprimera donc une idée actuelle. Le champ s'agrandit. Glanez à travers les annales de toutes les nations. Comptez les noms illustres, les guerriers, les sages, les artistes, les poètes, les libérateurs. Étudiez-les dans l'œuvre de leur vie. La mine est inépuisable. C'est là que le sculpteur peut creuser sans relâche. On a toujours foi dans ses aïeux. Tous ceux qui ont lutté pour l'indépendance d'une patrie sont nos aïeux. Que la statuaire ose donc. Elle sera, dans l'interprétation large et puissante des grandes figures historiques, une expression vraiment nationale.

§ XI. — Sculpture allégorique. — Après l'image généralisée de l'action, l'allégorie du sentiment. L'homme, être intelligent et libre, est en présence d'une loi morale. Nous entrons dans le domaine des passions.

Qui voudrait les énumérer ?

Aux passions maîtresses, qui tantôt se heurtent et tantôt suivent des voies parallèles, s'ajoutent les passions secondaires. Toutes sollicitent la volonté. Celles que la volonté doit combattre et refouler dans le silence n'appartiennent pas au sculpteur.

Les passions nobles, honnêtes, généreuses, réclament son ciseau.

Parfois, leur fil compliqué se révèle à lui sur les traits de l'homme dont il va sculpter l'image. A l'effigie corporelle s'ajoute un reflet du cœur.

Parfois, c'est la passion elle-même que l'artiste veut nommer. Il appelle à lui l'Espérance, la Douleur, la Colère, l'Amour, et le marbre frémit de l'entaille où l'âme vient respirer. Alors surgit sous la coupole de nos édifices l'allégorie des passions personnelles, tandis que l'image grandiose des passions sociales fait retentir la pierre des frontons.

Telle est l'infinie variété des penchants et des affections humaines qu'ils offrent à l'artiste, dans les mêmes proportions que l'histoire, un champ d'études en apparence sans limites. Et chacun de nous s'étant mesuré cent fois avec sa passion, si le marbre est éloquent, s'il est vrai, avec quel empressement nous saurons louer la justesse et l'actualité de l'expression!

§ XII. Sculpture iconique et sculpture d'animaux. — Le portrait, si généralisé qu'il soit par le sculpteur, doit nécessairement garder un caractère individuel.

Aussi, la sculpture iconique se sépare-t-elle de la sculpture d'histoire. Et tandis que celle-ci revêt à toute heure un intérêt national, celle-là n'y saurait prétendre.

Pour des raisons d'un autre ordre, l'animalier signera des chefs-d'œuvre d'exactitude, de style, de fierté, mais la fibre populaire ne sera pas remuée d'une façon générale et durable par l'œuvre du sculpteur.

Les succès de l'animalier reposent le plus souvent sur l'imprévu de ses groupes, sur l'évocation de la force à son paroxysme. De là un mouvement de surprise, parfois une séduction réelle qui est à l'honneur du statuaire, mais, encore un coup, l'ébranlement d'un peuple, l'acclamation d'un siècle, ne viendront pas à lui. C'est à la sculpture religieuse, historique ou allégorique que sont réservés les longs enthousiasmes.

§ XIII. — Composition. — Vous avez choisi votre sujet. C'est à la clarté de l'idée qu'il vous est apparu. Vous voulez qu'il soit doué de vie. L'ayant envisagé dans ses grandes lignes, l'ordre de pensées auquel il se rattache vous demeure présent à l'esprit. L'art religieux, l'art historique, l'art allégorique se déroulent devant vous comme des mondes distincts dont les frontières doivent être respectées. A l'exemple de Michel-Ange, vous voulez que votre œuvre soit le signe sensible de pensées fécondes et nombreuses.

Voici l'heure de l'amour. Fuyez le bruit. Caressez longuement l'idée plastique dont vous êtes possédé. Qu'elle ne soit éclipsée par nulle autre dans vos préférences,

Créer, c'est le grand travail, c'est l'œuvre de Dieu.

Votre esprit est ensoleillé, votre volonté rayonne, vous marchez dans la lumière. Imitateur de Dieu, ne voudrez-vous pas créer à votre ressemblance? Transfiguré sous l'éclair du génie, ne vous laissez pas distraire de votre rêve. Que l'ange de l'inspiration vous couvre de son aile. Respirez cet air pur des sphères élevées. Commandez à la poussière humaine de ne pas voler jusqu'à vous. Arrière ce qui est caduc et chancelant.

Le marbre veut être immortel.

Émondez votre inspiration de tout élément périssable. Que l'idée généreuse qui va prendre forme dans l'argile porte un enseignement. Les partis, les écoles, les systèmes, qu'est-ce que tout cela, sinon des ruines passagères devant l'œil pénétrant de l'artiste qui s'est épris du sublime? Il puise à des sources mystérieuses, insondables. Il lui semble que son œuvre grandit. Elle parle. Ses hautes leçons participent du divin et rappellent, dans une langue qui n'a rien de terrestre, quelque caractère de la divinité, d'une patrie, de la passion.

Soulevé par l'énergie véhémente de l'enthousiasme, l'artiste entre en pleine possession de sa pensée. Il en marque l'accent, il en mesure la portée morale. Il a dit à sa volonté de ne pas défaillir. Ses doigts cherchent l'argile.

Ici commence le procédé de la main; mais avant de nous entretenir du procédé, parlons de la matière que devra travailler le sculpteur.

CHAPITRE VI

DE LA MATIÈRE

§ I. — L'Argile. — Les doigts du sculpteur cherchent l'argile, avons-nous dit. L'argile est en effet la matière qu'il doit pétrir avant toute autre.

Est-il nécessaire d'insister sur cette phase du labeur de l'artiste ? Le travail de l'argile serait-il négligé de notre temps ?

Oui.

Vous entendrez dire tous les jours dans les ateliers : « L'argile, c'est l'ébauche. »

Qu'est-ce cela ?

Lorsque vous avez une pensée, est-ce à vos yeux chose si commune ou si aisée à ressaisir qu'il vous suffise de l'indiquer ? Votre *ébauche*, passant chez le praticien pour ne revenir entre vos mains qu'après de longs mois, êtes-vous certain que l'inspiration redescendra sur vous si lumineuse qu'elle guide sûrement votre ciseau dans l'achèvement du marbre ? N'y comptez pas.

Il ne faut point tenter Dieu.

Ad unguem factus homo, dit Horace, et l'exemple des maîtres pourrait être utilement cité à l'appui de cette parole. Il faut au praticien qui taillera froidement la pierre, un compas à la main, des modèles où il n'y ait rien à reprendre. Depuis quand l'orateur croit-il suffisant de jeter quelques mots incorrects au sténographe qui recueille son discours ? Ne lui dites pas que la foule est indulgente, que sa parole écrite revivra dans un travail de refonte. Il ne vous croirait pas. *Deus, ecce Deus.* Le dieu de l'éloquence l'a visité.

Sait-il si l'inspirateur reviendra ?

Il lui demandera donc, sans tarder, la puissance, la persuasion, la grâce, afin que dès la première heure, sa parole n'encoure aucun reproche. Vienne après cela le copiste machinal. Il ne pourra moins faire que de reproduire ces exclamations haletantes, cette parole brisée, ces cris de l'âme qui portent, dans leurs plis profondément creusés, le cachet de l'orateur. Tout est de l'homme dans cette œuvre, et d'un homme possédé du divin.

Or, si je compare l'orateur au sculpteur, ce n'est point sans raison. De même que l'orateur jette son plaidoyer, le statuaire apporte son bloc d'argile devant la foule.

La parole deviendra livre ; l'argile sera marbre.

Mais c'est l'argile, — ou le plâtre qui en est l'image, — que nous voyons le plus souvent dans nos expositions publiques. Et remarquez en passant où conduit la différence des procédés.

Un homme parle, on le fait grand. Un statuaire lui succède, on dit de toutes parts : « Attendons le marbre. » On ne disait pas devant l'orateur : « Attendons le livre. »

Oui, attendons le marbre! L'usage est de faire vite. Je vois bien ici une figure, un groupe, un bas-relief. Les grandes lignes m'apparaissent suffisamment indiquées. Mais ce n'est là qu'une ébauche. Le marbre décidera de tout. L'artiste est de son temps. Il sait qu'on ne doit pas travailler l'argile. On y fixe une pensée. L'argile est le carnet du sculpteur. Une note, rien de plus. Le statuaire a dit à l'inspiration : « Ajournons notre rencontre. »

Le public répond : « Faisons de même ; ajournons l'éloge. Attendons le marbre. »

Voilà pourtant où conduit ce travail sommaire de l'argile! La critique est instruite des coutumes. Elle attendra.

Et comme la plupart des artistes ne parviennent

pas à cette conquête du marbre *officiel*, la plupart aussi ne sont pas jugés sans restrictions dans leurs œuvres.

§ II. — La terre cuite. — L'argile est une matière transitoire.

Si nous avions le sens artiste plus développé, nous ferions sûrement plus de cas de la *terre cuite*. Durable, et d'un aspect qui n'a rien de mat, l'argile devenue terre cuite, porte un caractère personnel que n'aura point une matière plus précieuse.

La terre cuite est une perpétuelle signature.

Je lis le nom du sculpteur partout où sa main s'est posée.

La terre est l'œuvre vierge.

Son créateur seul l'a touchée. Lui seul a caressé de son ongle ces longs cils, ce cou délicat, ces cheveux abondants et soyeux. Lui seul a creusé de son doigt ce front plein de pensées, ces joues fermes, cet œil jeune où semble luire un regard de génie.

Sous sa forme rugueuse, qui n'est pas une imperfection, la terre cuite est plus lisible que la pierre, pour un œil d'artiste. Elle est l'autographe d'hier, tandis que le marbre devient souvent l'incunable.

Le comte de Caylus dit avoir trouvé dans l'île de

Chypre de très nombreuses figures en terre cuite modelées par les Égyptiens. Toutes sont recouvertes d'une couche d'émail ou de vernis, qui atteste que ces figures ont eu le caractère d'œuvres achevées et non de simples ébauches.

Quoiqu'il en soit, de nos jours, la terre cuite n'est pas recherchée du public. Les artistes et quelques collectionneurs la préfèrent au marbre ou à toute autre matière, mais ce sont caprices de connaisseurs auxquels la foule ne veut rien entendre.

Il ne faut pas l'en blâmer.

L'obstacle est le creuset. L'argile, trop maniable, ne doit pas suffire à la main nerveuse de l'artiste.

§ III. — LA CIRE. — La cire a la souplesse de l'argile lorsqu'on la soumet à une chaleur douce. Exposée au froid, elle se durcit sans rien perdre de ses proportions. C'est un progrès. L'argile, on le sait, perd un septième à la cuisson.

L'emploi de la cire est très répandu dans les ateliers pour les figures que l'artiste désire conserver. A Rome, on modelait en cire l'image des ancêtres. Et les patriciens gardaient avec orgueil dans l'*atrium*, en compagnie des dieux lares, les portraits de leurs aïeux.

Pline va jusqu'à dire, à propos de ces trophées, qu'ils étaient aux yeux de tous tellement sacrés, qu'un nouveau propriétaire n'avait pas le droit de les enlever. « Quoique changeant de maître, les maisons étaient toujours glorieuses. Ces grandes figures qui faisaient cortège au possesseur étranger, s'il était sans vertu, lui devenaient un continuel reproche ! [1] »

La cire sied aux statues domestiques. Elle sera, si vous le voulez, la matière adoptée pour une œuvre intime et de petite dimension. Elle ne peut être d'un usage fréquent.

§ IV. — LE BOIS. — Quelle est donc la matière par excellence ? Dans quel bloc le statuaire fixera-t-il pour jamais sa pensée ?

Dans le bois ?

Je sais que la *Diane d'Ephèse* était de cèdre ; qu'un *Jupiter* romain fut taillé dans le cyprès, un *Hercule* dans l'érable, mais le bois nous reporte à l'enfance de l'art. Le bois, chez les Grecs, servait

---

[1] Pline, liv. XXXV, chap. II.

d'*âme* aux statues dont la tête était d'or ou d'ivoire. On le recouvrait d'étoffes précieuses, et ce sont ces figures primitives qui donnèrent naissance à la sculpture polychrome. Le bois convient à l'ornement. La statuaire n'en tire pas profit.

§ V. — LE PLATRE. — Le plâtre sert au sculpteur, mais il est comme l'argile une matière de transition. Toute figure en plâtre suppose un modèle qui l'a précédée, une œuvre qui la suivra. Le plâtre est utile ; rien de plus.

§ VI. — LE BRONZE. — Le bronze! Certes, la statuaire en bronze est digne qu'on l'admire. S'il faut en croire les livres de Pline, plus de trente mille statues de bronze seraient sorties des mains des Grecs! De son temps, Athènes en possédait trois mille. Delphes et Olympie n'étaient pas moins riches. Corinthe surpassait Athènes et Olympie et Delphes. Dès la plus haute antiquité, les Athéniens célébrèrent la fête des *Chalcées* ou des statuaires en bronze.

Les modernes n'ont pas connu cet art dans sa splendeur. Si l'on excepte Benvenuto Cellini, aucun sculpteur n'a connu l'art de fondre lui-même et de ciseler son œuvre. Il faut donc au statuaire en bronze la collaboration d'un praticien qui n'a rien de l'artiste. Et, voyez l'exigence misérable d'une telle situation ! Ce n'est pas l'artiste qui le dernier caressera son œuvre. Il ne l'a pas fondue. Un autre va la ciseler.

Revienne le temps où des sculpteurs ne reculeront pas devant la science technique des alliages, de la fonte, de la ciselure, et la statuaire en bronze ne sera plus un coup de dé.

Jusque-là, pourquoi des cours spéciaux ne seraient-ils pas faits aux ouvriers fondeurs pour leur inculquer les grandes notions de l'art ?

A l'ignorance des procédés s'ajoute cet écueil dangereux de l'achèvement de l'œuvre par un praticien.

Le sculpteur succède à l'ouvrier dans le travail de la pierre. S'agit-il du bronze ? L'ouvrier succède au sculpteur !

Ce n'est pas tout. Que sont devenues les trente mille statues grecques dont parle Pline ? Cinquante, à grand'peine, sont parvenues jusqu'à nous !

Le bronze est donc périssable, plus que la pierre, l'ivoire ou le marbre ?

N'en doutez pas, le temps est son ennemi.

Si le temps le respecte, l'homme le mutilera.

Écoutons le poète parler au statuaire de ses bronzes :

> Que si le hasard les abat,
> S'il les détrône de leur sphère
> Du bronze auguste on ne peut faire
> Que des cloches pour la prière
> Ou des canons pour le combat.

Jules II avait exigé de Michel-Ange qu'il le représentât en bronze, une épée à la main. Le fougueux pontife fit ensuite placer son image au fronton de la cathédrale de Bologne. Mais voilà qu'en 1511, la dynastie des Bentivoglio se révolte et rentre, malgré Jules II, en possession de son ancien domaine. La statue du pape est renversée. De ses débris on fabrique une pièce d'artillerie, appelée *la Giulia*, pour l'arsenal du duc de Ferrare. Le poète qui adressait à David d'Angers les vers que nous venons de rappeler avait lu sans doute l'histoire de *la Giula ?*

§ VII. — L'IVOIRE ET L'OR. — Faut-il parler de l'ivoire ? Il a sa place dans la sculpture chryséléphantine. Il accompagne l'or. Mais ni l'or, ni l'ivoire, ni l'argent ne peuvent être la matière unique ou généralement employée par le statuaire.

Il faut au rêve de l'artiste une matière immortelle et docile.

L'or n'est-il donc pas la matière immortelle entre toutes ? Non : l'or ou l'argent, façonnés par la main du statuaire, ne sont pas pour son œuvre un gage de durée.

Le duc de Luynes, celui-là même qui fit sculpter dans l'ivoire et l'or, par Simart, une image de la *Minerve* du Parthénon, eut un jour la pensée de confier au ciseau du sculpteur Bonnassieux la statue de Jeanne d'Arc. Il voulait que la figure de celle qu'il appelait la « sublime héroïne de la démocratie française » fût placée à Notre-Dame. Et afin que l'œuvre rappelât mieux les mérites de la noble fille, il avait fait choix d'un métal de prix : la statue devait être d'argent. Mais, comme il s'ouvrait à l'artiste de ses hautes et généreuses pensées, l'un et l'autre se turent tout à coup. Le souvenir du sac de l'Archevêché, en 1830, du sac des Tuileries, en 1848, avait traversé leur esprit.

On était alors en 1867.

Qui eût osé nommer la Commune ?

Or, comme ils rêvaient pour Jeanne d'Arc une image glorieuse qui pût défier les siècles, à l'abri des cupidités aveugles, le donateur et l'artiste, —

deux Français, — renoncèrent au précieux métal.

Combien peu de statues d'or et d'argent, sculptées par les Grecs, nous sont connues !

L'or n'est donc pas, il s'en faut, entre les mains de l'artiste, la matière immortelle. Et cependant, l'artiste a besoin pour son œuvre d'un manteau d'immortalité. Nous l'avons dit, sa pensée, toujours supérieure, permet à ses doigts de parler une langue divine.

Le divin n'a rien de caduc. Le temps et lui sont deux étrangers qui se fuient.

Il faut en même temps à l'artiste une matière docile. Voyez ! Qu'est-ce que la main qui tient le ciseau, si ce n'est une main d'homme ? C'est-à-dire quelque chose de faible, d'inhabile et d'incapable.

Et d'autre part, le génie, puissance immatérielle qui commande à la main, monte comme un aigle aux larges ailes dans les régions de l'infini. Impatient, capricieux, créateur, ce dieu qui ne connaît point d'entraves, redescend dans le cœur du statuaire, dont il précipite les battements. Et le cœur, et l'intelligence, et le génie, commandent à la main de se hâter. Ils ne lui pardonnent ni l'inexpérience, ni la fatigue. Elle est l'instrument, elle est l'outil. A la main de se mesurer avec une matière docile.

Son maître exige d'elle qu'elle façonne une œuvre parfaite, et le génie ne souffre point de retards.

Quelle sera donc la matière durable et docile ?

§ VIII. — LE MARBRE. — L'art du statuaire étant l'art le plus élevé, il appartient à Dieu de fournir la matière. Alors que le peintre use d'une toile et de couleurs fabriquées de main d'homme, le statuaire trouve dans la nature une matière préparée. Longtemps, il a foulé le sol d'un pas indifférent. L'art ne s'imposait pas à son esprit. Mais, un jour, ce passant de la veille a prêté l'oreille à la vocation d'en haut. Il était artiste.

Creusant la terre, il a tiré de ses entrailles une matière lentement travaillée par Dieu dans le silence. Il a jeté sur elle le *fiat lux*, et ce trésor, réservé dans l'ombre depuis soixante siècles, va surgir à la pleine lumière.

Et la lumière, qui ne l'avait jamais vu, accourt saluer le marbre comme un frère.

Elle le caresse.

De ses rayons, elle lui tisse un vêtement impalpable et diaphane. Elle se joue autour de lui comme l'esclave aux pieds du maître. Elle a pour le marbre les attentions d'une mère. A chaque heure elle pose un diamant sur son front. Lumière de l'aube ou lumière du couchant, elle le fait vivre de son regard.

Ce n'est pas assez. Le marbre ne souffre point d'éclipse. Ainsi le veut la lumière. Deux charbons en contact, d'où jaillit l'étincelle électrique, une goutte d'huile, un peu de gaz, moins encore, quelques grammes de cire enflammée font palpiter le marbre.

En serait-il de même pour une toile, fût-elle signée de Rembrandt ?

Le marbre est le fiancé de la lumière.

§ IX. — LE MARBRE MATIÈRE PRÉFÉRÉE DU SCULPTEUR. — Le marbre doit être la matière préférée de l'artiste. Sa formation lente est un gage de durée. Il ne réclame aucune préparation. Le ciseau peut l'entamer sur le seuil même de la carrière. Ses gîtes sont innombrables.

Faut-il rappeler les carrières de Paros d'où nous sont venues la *Vénus de Médicis* et la *Vénus de Milo?* Celles du mont Pentélès auxquelles nous devons le *Torse* du Belvédère ? Épuisées ou perdues pour nous, ces carrières ne peuvent éveiller nos regrets.

Sans parler de Carrare, qui nous envoie ses marbres depuis Jules César, nous avons en France peu de départements qui ne possèdent des carrières de marbre. Un petit nombre seulement sont exploitées. Celles du Languedoc et des Pyrénées, connues de temps immémorial, peuvent rivaliser avec celles de Carrare et de Paros. « Henri IV, dit Clarac, apportait tant de prix à l'exploitation des carrières de France, qu'il ne voulait pas qu'on eût recours à d'autres contrées pour les marbres dont on ornait les Tuileries, Fontainebleau et Saint-Germain-en-Laye. » La statue de *Henri IV enfant*, par Bosio, est en marbre français de Saint-Béat.

§ X. — Rayonnement du marbre. — Le marbre ne manquera jamais au statuaire. Que le statuaire ne défaille pas au marbre. Il y va de son art; il y va de lui-même

Que faut-il, en effet, pour qu'une œuvre d'art soit complète ?

Sans doute, il faut avant tout que l'artiste la revête d'un manteau d'âme. Il lui faut ce que les Grecs appelaient la *grâce,* c'est-à-dire un reflet de la divinité.

Mais d'autres attributs sont nécessaires à l'œuvre d'art.

L'œuvre d'art tend à la perfection ; elle doit être l'image intégrale d'une pensée. Ennemie de toute fraction, l'œuvre d'art ne peut satisfaire si elle n'est conçue dans cette unité, je dirais dans cette totalité du beau relatif au sujet représenté.

L'harmonie, la mesure entre les diverses parties de l'œuvre, établit l'équilibre dans la beauté.

Enfin le rayonnement, c'est-à-dire la vie que donne seul le coup du maître, lorsque l'artiste a conquis un tel nom, appelle et retient le regard en même temps que l'esprit. C'est du rayonnement que les anciens ont dit : *Quod visum placet*. Et, en effet, cet attribut dernier a la puissance de rendre tout enivrant, jusqu'à l'œuvre mauvaise dans son principe.

Perfection, harmonie, splendeur. Quel sera le meilleur auxiliaire de l'artiste dans la poursuite de ces trois beautés dont il rêve de parer sa statue ?

Vous l'avez dit, c'est le marbre.

Le but des arts plastiques étant de *former* un corps d'homme, de souffler la vie dans l'argile, le statuaire interroge la nature et lui demande un allié, un auxiliaire de sa pensée.

Or, l'image intégrale de l'homme visible, l'image de sa chair et de son sang, qui la fera plus saisissable que le marbre? Lui seul a la densité du modèle humain sans dureté. Doux au toucher comme l'épiderme, moelleux et demi-transparent au regard, c'est le marbre qui, n'étant pas l'homme, donnera d'une manière plus parfaite l'illusion de l'homme. Il est l'exemplaire : *species*.

N'est-il pas évident que l'harmonie des parties — *consonantia* — leurs relations naturelles seront aussi plus grandes dans le marbre? L'or a quelque chose de fauve, l'argent est trop mat, le bronze appelle l'ombre, l'ivoire repousse la lumière par l'éclat de ses reliefs au détriment de ses parties rentrées. Seul, le marbre se laisse pénétrer sans rien perdre du calme de ses arêtes. Le marbre vit de sincérité.

Mais c'est surtout si je m'inquiète du rayonnement que le marbre m'apparaît sans rival. De son commerce avec la lumière il résulte pour la figure humaine une clarté — *claritas* — une splendeur, et ce je ne sais quoi de fluide qui naît de la rencontre des rayons lumineux avec ses contours. Où commence l'œuvre? Où finit le rayon? A quel point de l'espace le terrestre et le divin se sont-ils rencontrés ?

Nul ne le peut dire.

Vous regardez et vous vous sentez heureux. Cette union de la lumière et du marbre vous ravit. Tantôt c'est la statue qui semble grandir, tantôt les rayons d'en haut la ramènent à ses proportions premières. Mais, si longtemps que dure votre examen de l'œuvre taillée dans la matière préférée, toujours le marbre vous repose.

Toujours son éclat fait plus pure et plus harmonieuse la pensée du statuaire.

Que dis-je ? « Comme la blancheur, écrit Winckelmann, est de toutes les couleurs celle qui réfléchit le plus de rayons, il en résulte que le corps de l'homme augmente de beauté à raison de sa blancheur, et paraît plus grand qu'il ne l'est en effet. »

Le marbre, par sa couleur monochrome, est généreux. Il ajoute aux proportions, à la jeunesse, à la grâce, à la vie, au rayonnement.

§ XI. — L'ARTISTE DOIT SCULPTER SON MARBRE. — Jeunes gens, — car c'est à vous que je pense en écrivant ces lignes. — vous aimerez à sculpter le marbre.

Vous voudrez choisir votre bloc avec soin : telle qualité convient à la statue d'un dieu, telle autre à l'image d'un héros ; celle-ci rendra mieux le caractère de l'enfant, une tête de jeune fille n'attend que votre ciseau pour sortir de cette pierre. Il y a là sujet à des recherches, à des comparaisons. Les maîtres, en cela comme en toutes choses, seront vos guides.

Mais, le bloc assujetti devant vous, ne le quittez plus. Ce n'est pas assez, aimez-le!

Aimez-le comme Pygmalion Galatée ; aimez-le comme Michel-Ange Santa-Maria Novella. Que le travail ne vous lasse jamais. Que la fatigue des muscles soit incapable de vous rebuter. Eh quoi! ce marbre qui va devenir une pensée, vous le confieriez à quelque autre! à un camarade, à un praticien, peut-être ! Demandez à Dante qui l'a aidé dans son poème.

Il vous répondra : Béatrix !

Béatrix ! c'est-à-dire les amours chastes et grandes ; Béatrix la transfigurée, l'invisible, mais non l'absente ; Béatrix devenue l'amie de Dieu !

Et comment s'appellera de son nom la Béatrix de vos pensées ? Qu'importe, pourvu qu'il soit synonyme de Vertu ?

« Phidias, raconte Cicéron, lorsqu'il taillait un *Jupiter* ou sa *Minerve,* n'étudiait pas un modèle particulier dont il s'appliquât à exprimer la ressemblance ; mais au plus profond de son cœur résidait un type accompli de la Beauté : c'était là le modèle qu'il fixait sans cesse et qui lui donna d'être immortel. »

Ainsi faisaient les mystiques du moyen âge.

Vous tous qui sculptez le marbre, vous trouverez le *réel* indigne de votre génie ; l'*idéal*, si haut qu'il soit, ne vous satisfera point, mais vous voudrez poursuivre le *divin*, tout au moins dans la mesure où Phidias l'a cherché.

CHAPITRE VII

DU PROCÉDÉ

§ I. — LA MAIN. — L'outil du sculpteur, c'est sa main.

Nous ne parlons pas des moyens moraux et intellectuels qui feront ses doigts dociles. Nous avons dit précédemment quelle place dans l'éducation de l'artiste doit être faite à l'étude, au recueillement, à la vertu. Nous ne voulons voir ici que l'instrument matériel de son art : La main.

Plutarque, en parlant des Spartiates, fait observer qu'ils étaient vêtus d'une simple tunique. Ce fut avec la décadence et la corruption que ces fils dégénérés de Lycurgue connurent les étoffes de prix.

Plus l'homme s'élève dans la vertu, plus la simplicité lui est familière.

L'inspiration est une vertu.

Si l'artiste est vraiment inspiré, s'il cède à l'élan de sa pensée vers le Beau, qu'a-t-il besoin pour créer, de ces auxiliaires inventés par les habiles?

N'a-t-il pas sa main?

L'argile est la matière qu'il doit pétrir. Il n'usera pas impunément d'intermédiaires entre l'argile et ses doigts instruits des belles formes. Ne sentez-vous pas que s'il se fie trop souvent à l'ivoire, au buis de l'ébauchoir, il établit une solution de continuité fâcheuse entre l'œuvre et l'ouvrier? Il y a place pour un courant glacial qui va refroidir ce bloc qu'il eût fait palpiter. Les détails, sans nul doute, seront de contours plus finis, et l'analyseur se dira content, mais la vie, mais le mouvement, mais la vérité, où seront-ils?

Tous ces caractères des grandes œuvres réclament une empreinte immédiate et prolongée des doigts de l'homme sur l'argile.

J'ai dit une empreinte prolongée.

« Les artistes anciens, écrit Winckelmann, se servaient des doigts et particulièrement des ongles pour imprimer plus de sentiment à l'ouvrage. C'est de ces touches fines dont parle Polyclète, lorsqu'il dit que la plus grande difficulté dans l'exécution d'une œuvre modelée se manifeste « *alors que la terre se niche sous les ongles,* ὅταν εἰς ὀνύχα ὁ πῖλος αφῆχιθαι. »

Ce même Grec, qui composa de ses mains une statue tellement parfaite de proportions, que ses contemporains la prirent pour règle de leurs œuvres, est encore, on le voit, l'auteur d'une maxime dont nos artistes doivent faire leur profit.

Ce sera pour eux le *canon de Polyclète*.

§ II. — La maquette. — Le statuaire étant tenu de parler à l'aide de la forme, ce n'est pas assez que son sujet relève de l'idée, il faut qu'il soit sculptural.

L'artiste prend un peu de terre, il rend sa pâte flexible en l'humectant, et il pétrit une maquette.

La maquette n'est pas œuvre d'art. C'est le relief sur l'idée.

L'écrivain jette le titre de son livre. C'est sa première note. Le peintre trace un contour. Le sculpteur fait une maquette.

Silhouette sans correction, ébauche presque informe, la maquette indique le mouvement, l'inflexion dominante de l'œuvre pensée. L'idée mère est écrite, et c'est tout.

L'œil exercé de l'artiste fait abstraction des aspérités. La ligne ébauchée parle à son esprit aussi bien qu'un profil pur.

— Révélation douloureuse ! sa statue sera sans beauté !

L'attitude n'a point de grâce, le geste exige que la figure soit observée d'un seul point. Si le spectateur se déplace, tantôt c'est le visage qu'il cesse de voir, tantôt l'œuvre tout entière paraît manquer d'aplomb.

Que fera le sculpteur ?

Sans rien changer à sa maquette, il en ébauche une nouvelle. Cette fois, de notables variantes apportées à la première esquisse ont fait disparaître plus d'un défaut, mais le geste demeure. Ou la tête sera sacrifiée lorsqu'on se placera d'une certain côté, ou le mouvement du bras doit être modifié.

Quelle est l'issue ?

Étudier de nouveau la portée du geste.

Chercher si le bras, plus contenu, ne rendrait pas avec la même clarté l'idée que traduit son mouvement actuel. Il y a place pour une troisième ébauche.

C'en est fait : il vous faut maintenir au geste

son ampleur. Le comprimer, ce serait amoindrir l'idée.

Soit.

Votre sujet est sculptural, mais il ne vous apparaît vraiment beau que sous un seul aspect. Que conclure, sinon que la statue ne peut lui convenir, et qu'il faut le modeler en bas-relief?

N'essayez pas de transiger.

Toute loi s'impose.

Or, la loi primordiale, en sculpture, est que la statue doit être vue sous tous ses aspects.

Mais l'art du statuaire est inépuisable dans ses moyens d'expression. Le bas-relief fait l'artiste maître du point de vue. Il rend immobile le spectateur ignorant ou distrait. Il lui précise, si j'ose dire, le lieu de son observation, et, à ce titre, le bas-relief est plus instructif que la statue. Il apprend à bien voir en limitant le champ de la vision. Le bas-relief n'est donc point un genre amoindri, et l'artiste dont l'idée serait mal traduite dans un marbre isolé doit sans crainte en fixer l'image dans un bas-relief.

Il est rare qu'un bas-relief soit mal jugé. La statue, au contraire, exige une sagacité réelle dans l'examen.

§ III. — L'œuvre modelée. — Pline raconte que ce fut Lysistrate de Sicyone, frère de Lysippe, qui le premier imagina de faire un modèle, et cette idée eut tant de vogue, ajoute l'historien, qu'on ne fit plus ni figure ni statue sans un modèle en argile [1]. Nous savons, en effet, que les Grecs se sont souvent dispensés de modeler en argile avant de sculpter le marbre. Les modernes, si l'on excepte Michel-Ange, ont rarement eu la même hardiesse.

Le sujet mûrement étudié, l'esquisse arrêtée, l'artiste passe au modèle.

Ce ne sont plus les proportions restreintes de la maquette qui doivent lui suffire.

Si l'ouvrage qu'il veut sculpter n'excède pas les dimensions d'un corps d'homme, le modèle sera de grandeur naturelle. Si l'artiste prépare une œuvre colossale, il maintiendra son premier travail au tiers ou à la moitié des proportions définitives.

Ici, le sculpteur doit procéder avec une juste défiance de soi-même.

Il choisira l'argile dont la pâte lui aura paru la plus douce; l'ayant pétrie, il la battra pour s'as-

---

[1] Pline, cap. xxxv.

surer qu'elle ne contient aucun gravier. Puis, le *noyau* solidement établi sur sa *selle*, il disposera la terre autour de l'armature. C'est tout d'abord une masse sans forme. Une silhouette lui succède. Le sujet se dessine.

Si la figure modelée doit porter le costume moderne ou même une simple draperie, le statuaire la fera nue.

C'est à ce prix qu'il peut être vrai.

L'étude des dessous de chair est nécessaire au sculpteur, mais l'exacte connaissance du nu lui est indispensable. Pendant qu'il travaille l'argile de ses doigts fiévreux, usant peu de l'ébauchoir, encore moins de l'échoppe, l'artiste suit amoureusement les ondulations de la forme. Sous le galbe d'une chair vivante, il a soin d'indiquer sans affectation le jeu compliqué des muscles.

Il ne laisse rien au hasard.

Tout ce qu'il sait, il l'applique. Ses observations personnelles sur l'attitude, le geste, le mouvement, lui reviennent à l'esprit. L'œil subtil, l'âme aimantée vers un idéal qu'il sent planer au-dessus de lui, la science et l'art se fondent dans sa main dont la puissance est doublée. Sur chaque point de l'ébauche, l'idée vient transparaître. Et pendant de longs jours il poursuit sa tâche grandiose et pénible.

§ IV. — La goutte d'eau. — Chaque soir, à l'heure où le soleil décline, on le voit tremper dans un vase une touffe de genêt. Avec le geste du semeur sur les sillons, il fait le tour de sa statue. On dirait que l'argile, en lutte avec l'idée, réclame un peu de fraîcheur. Quand la rosée se condense en perles sur le front gris du colosse, le sculpteur l'enveloppe de bandelettes.

§ V. — Les anciens ont-ils usé du modèle vivant ? — Si les écrivains de l'antiquité mentionnent l'œuvre modelée précédant le marbre, nulle part, — c'est Ottfried Müller qui en fait la remarque, — il n'est question de modèles d'hommes.

Les jeux publics suffisaient au statuaire.

Là, de perpétuels exemples de souplesse et de force s'offraient à lui. Quoi de plus propice à l'étude du mouvement que ces luttes dans lesquelles l'athlète athénien se sentait stimulé par l'adresse de vingt rivaux ? L'aisance du geste et de la pose s'ajoutait à la beauté des formes.

Il est pourtant inadmissible que les sculpteurs grecs se soient dispensés de consulter un modèle pendant le travail de l'argile. Des commentateurs de Cicéron, pour n'avoir pas saisi le sens juste d'un mot, ont prétendu que Phidias avait modelé de mémoire les figures de Minerve et de Jupiter.

Cela ne peut être.

§ VI. — Le modèle vivant rectifie les connaissances anatomiques du sculpteur. — Mais, si utile que soit la présence du modèle auprès du sculpteur, il faut bien se défendre d'en exagérer l'importance.

Le modèle est le point de repère de la vie.

L'anatomie, l'ostéologie, la science des muscles, s'acquièrent par l'expérience de la mort. Un scalpel est à la base de ces sortes d'études. L'artiste a pratiqué la dissection. Il a compté les rouages des attaches, mesuré ces leviers qui sont les os d'un corps d'homme, analysé ces fibres irritables dont les contractions produisent nos mouvements ; mais lorsque l'œil du statuaire s'est instruit de toutes ces choses, l'invisible moteur était inerte.

L'âme avait disparu. Le cadavre gisait.

Et c'est avec le secours de ces seuls fragments

que l'artiste doit apprendre la vie ! Nul doute qu'une science exacte, mais froide, soit l'unique résultat de pareilles recherches.

Le modèle vient se poser à la droite du statuaire. Il se tient immobile, muet. Il sait que son rôle est humble. Ce n'est pas lui qui inspire, il règle. Il n'excite pas, il modère. Le génie ne lui dit point : « Sculptons ensemble », mais : « Sois ma limite. »

§ VII. — INSUFFISANCE DU MODÈLE VIVANT. — La tâche de l'artiste est complexe. L'âme et l'argile veulent être pétries de la même main. Quand l'artiste prend son vol, quand il évoque une haute pensée, lorsqu'il appelle à lui la vertu, l'intelligence, le divin, alors son modèle n'est plus rien. Pour une heure, c'est la lumière qu'il essaye de concentrer dans sa terre ou sur sa toile. Il est aux prises avec l'inspiration, et toute langue humaine est impuissante à le distraire.

Un jour, Hippolyte Flandrin cherchait à composer un *Christ portant sa croix*. Il avait entrevu dans sa pensée d'artiste et de chrétien l'attitude douloureuse du Sauveur fléchissant sous le bois du Golgotha. Le mouvement de la tête devait indiquer la douce résignation du condamné. Son regard limpide et lumineux fixait la cime du Calvaire. Le corps était brisé. Les genoux ployaient. Le bras n'avait plus d'énergie, la main s'était ouverte. Un accablement général laissait pressentir que la victime allait s'affaisser. Flandrin prit un modèle et tenta de le poser, mais au bout de quelques minutes il s'aperçut qu'il cherchait l'âme où elle ne saurait être. Appelant son frère, il lui demanda de prendre un crayon, et lui-même posa, dans son expression d'amour et de torture, le *Christ* qu'il avait rêvé.

Le modèle vivant n'a point d'âme. Il est la forme, il est le réel. Dans ses proportions visibles est circonscrite l'œuvre du statuaire, mais non son action.

§ VIII. — LE SCULPTEUR DOIT SE SÉPARER DE SON ŒUVRE AVANT DE PASSER AU MARBRE. — L'argile est modelée. Le statuaire l'entoure d'un voile, et pendant une semaine il s'en éloigne.

Pourquoi ?

Parce que son regard a trop longtemps caressé cette œuvre de son choix.

Un père se prend à aimer jusqu'aux caprices de son enfant.

Le statuaire doit craindre que son œuvre ne soit pas sans défaut. Un ami serait-il bon juge? N'appelons personne. Ce n'est pas l'heure.

Quelques jours passés dans l'étude d'un autre sujet rendront à l'esprit son impartialité, à l'œil sa sévère précision.

§ IX. — LA MISE AUX POINTS. — J'ai dit pourquoi le marbre devait être la matière préférée du sculpteur.

L'artiste, lorsqu'il travaillait la glaise, avait devant les yeux le modèle vivant. Maintenant, c'est un moulage relevé sur l'argile qui va prendre la place du modèle.

Le marbre est épannelé. Le praticien s'en approche et procède à la mise aux points.

§ X. — DU PRATICIEN. — Le praticien peut être un sculpteur de mérite. Le renom d'un maître l'a fasciné, il lui demeure fidèle. Pour peu que son inspiration personnelle ne résiste pas aux commandements de sa volonté, on le voit employer ses jours à traduire des œuvres plastiques qu'il n'a pas modelées.

Parfois cette existence laborieuse, enveloppée d'ombre, est trop lourde à porter.

Le praticien se relève.

Il a besoin de penser et de se sentir vivre. Il laisse inachevées ces figures qu'il avait ordre de tirer du bloc. Le ciseau fait place à l'ébauchoir ; la terre succède au marbre ; l'artisan devient artiste. Et si quelque passant demande à cet audacieux ce qu'il compte faire et quel est son nom, l'homme se retourne et dit :

« Je m'appelle Pierre Puget ! »

C'est l'exception.

On sait qu'un certain nombre de praticiens habiles ont secondé Canova. Plusieurs répétitions de ses statues, acceptées comme sorties de ses mains, sont le travail de ses auxiliaires.

L'illusion n'eût pas été possible s'il se fût agi des œuvres d'un penseur. Canova, sculpteur maniéré, a pu ne rien perdre à ces reproductions faites de main d'ouvrier ; un artiste philosophe y eût perdu son caractère et sa puissance.

Ce n'est pas que Canova n'eût été lui-même très capable de suppléer à la science de ses praticiens. « Défiez-vous du séduisant travailleur de marbre », disait en parlant de lui le peintre Louis David lorsqu'il prenait congé de ses élèves à leur départ pour l'Italie. Le travailleur de marbre ! Ne semble-t-il pas que Louis David n'ait vu dans le sculpteur des *Trois Grâces* qu'un habile praticien ?

Quoi qu'il en soit, ce que Canova s'est dispensé de faire par indifférence, d'autres n'osent pas l'essayer par timidité. Il existe des sculpteurs que le marbre effraye.

Duret fut de ceux-là.

Sa statue de la *Tragédie* et celle de *Rachel* permettent de juger à quel péril est exposé le statuaire incapable de traiter son marbre. Une erreur de praticien n'a pu être réparée par Duret dans sa figure de la *Tragédie*. *Rachel* n'est qu'une ébauche avancée. Et encore qu'on puisse alléguer que la mort a surpris l'artiste en l'empêchant de finir sa statue, l'éloignement bien connu de Duret à l'endroit du marbre nous permet de penser qu'avec de plus longs jours il n'eût pas sensiblement modifié son œuvre.

§ XI. — LE PRATICIEN PEUT EFFLEURER LE BEAU, IL NE SAIT PAS L'ATTEINDRE. — Quiconque méprise le marbre n'est pas sculpteur.

L'argile autorise les retouches de toute sorte. Le

modeleur la pétrit au gré de sa pensée. Son travail, en un certain sens, diffère peu de celui du peintre. Il colore de lumière en la refoulant la glaise qu'il sait rendre lisse. L'ombre accourt docile à son appel entre des saillies qu'une idée soudaine lui conseille d'accentuer.

Le marbre veut un ciseau résolu.

Libre de creuser au plus profond de la pierre, le sculpteur n'est pas maître d'atténuer ensuite la trace de l'outil.

Il enlève, il n'ajoute jamais.

Faut-il plaindre le praticien d'être enserré dans de telles limites ? Non. La tâche de l'ouvrier n'exige point une plus grande liberté. Ce n'est pas lui qui chante, il écrit. Le poème est l'œuvre du statuaire, le praticien n'en saisit que la syntaxe. Artiste aux ailes repliées, parfois il lui arrive d'effleurer le Beau ; il ne sait ni l'étreindre, ni le nommer.

§ XII. — C'EST AU SCULPTEUR A PARACHEVER LE MARBRE. — Le Beau est l'essence de l'art. C'est du marbre, avant tout, que doit jaillir sa fleur immatérielle. Or, c'est la main du statuaire, ce sont les doigts inspirés qui seuls imposeront silence à la rudesse de la pierre. C'est le sculpteur qui seul est capable d'adoucir sans émousser ; seul il a le secret de l'idée, seul il peut limiter le caractère, l'accent, la finesse, la vie à ce point de rencontre du Beau idéal et du Beau plastique dont le magique embrassement impose à l'esprit.

Surprenez un maître devant son marbre. Alors que sa statue paraît achevée, il en compte encore les défauts. Il s'est éloigné de quelques pas, afin de mieux observer l'ensemble de son travail. Silence ! il revient vers sa statue... Que va-t-il faire ? il n'a pas d'outil.

Où l'homme de pratique eût passé la râpe, le maître va passer la paume de la main !

Ne vous demandez plus comment le marbre ainsi caressé devient vivant. La râpe du praticien n'est qu'un peu de fer : la main du maître, c'est le génie.

§ XIII. — LE PROCÉDÉ DE LA MAIN DOIT MARCHER DE PAIR AVEC LA MÉTHODE INTELLECTUELLE. — Nous avons analysé le procédé. Mais peut-être ces pages, si précises qu'elles soient dans le détail, paraîtront-elles incomplètes. Il y manque, en effet, un appel aux lois philosophiques de l'art, un retour vers les principes que nous avons posés.

Nous avons dit plus haut quel est l'enchaînement du Vrai, du Bien et du Beau.

La logique ne permet pas qu'on l'oublie. Si l'art émane réellement de ce triple foyer, l'artiste, lorsqu'il procède à l'exécution de son travail, doit graviter autour de ces centres, d'où lui viennent, avec la lumière, la chaleur et la force.

Le statuaire, dans la recherche de l'idée, est mû par le Bien.

C'est la méthode intellectuelle.

L'esquisse est une note plastique. Le procédé de la main commence avec le modèle.

A quelles sources l'artiste a-t-il puisé pendant qu'il modelait la glaise, si ce n'est aux sources du Vrai ? Cet homme nu et debout à sa droite, que nous avons défini le point de repère de la vie, n'était-il pas le témoin de la vérité du geste, de l'attitude, des proportions ?

Le statuaire est en face du marbre ébauché. Ce n'est plus le Bien qui l'occupe ; depuis longtemps son œuvre est fondée sur le principe du Bien. La loi du Vrai, fidèlement obéie, lui a permis de créer à son image et à sa ressemblance. Une âme est descendue dans la pierre, et a permis à ses formes d'être vivantes.

L'œuvre sculptée n'est-elle donc pas terminée ? Non.

Quelque chose d'impalpable doit l'envelopper encore, et c'est le statuaire qui va tisser ce vêtement.

Moins essentiel que l'idée, mais souvent plus visible ; moins nécessaire que la science du modelé, mais plus goûté qu'aucun autre attribut, le Beau transforme, allège, fait resplendir la statue.

Il est le rayonnement, l'éclat invincible.

C'est le Beau qui, par une puissance inverse, fait croître le marbre, alors que le ciseau toujours retranche. L'homme n'a pas de formule qui précise le Beau, parce que l'immuable se dérobe à sa langue d'un jour. Mais depuis six mille ans on l'entend épeler ce mot divin, et nulle part, — si nous exceptons la nature, qui est l'œuvre de Dieu, — le Beau n'est plus suave et plus saisissant que dans l'exquise convenance d'un marbre sculpté.

CHAPITRE VIII

LA STATUE

§ I. — LA STATUE RÉSUME L'ART PLASTIQUE.
— Nous avons établi la prééminence de l'œuvre sculptée ; la méthode intellectuelle, le procédé de la main qui doivent être familiers au statuaire nous sont connus ; nous avons nommé le marbre qui sera la matière préférée du sculpteur ; parlons maintenant de la statue.

Quelle est la cause de ce choix ?

Qui nous porte à analyser les principes sur lesquels repose la statue, en tant qu'œuvre d'art, de préférence aux lois du groupe, du bas-relief, du buste ou du médaillon ?

C'est que la statue résume l'art du sculpteur.

N'alléguez ni l'importance du groupe, ni les délicates fictions du bas-relief, ni l'attrait particulier du buste qui concentre le regard sur un seul point de l'être humain, ni le charme du médaillon si aisément populaire. Sans nul doute, le groupe, le bas-relief, le buste et la médaille se distinguent par leur caractère et leur destination. Mais l'œuvre maîtresse entre toutes, la plus riche dans sa simplicité, c'est la statue.

Elle résume l'art du sculpteur ; elle est l'art complet.

§ II. — L'ART EST UNE INTERPRÉTATION DE LA NATURE. — Nous l'avons dit, l'art a pour terme dernier l'imitation — ce n'est pas assez — la reproduction idéale de la nature, qu'il dépasse, embellit et spiritualise.

Principe intrinsèque des choses, la nature crée.

Principe extrinsèque, c'est-à-dire agissant par le dehors, l'art crée à sa manière.

Deux principes, deux créations.

Toutefois, l'art aussi bien que la nature n'est pas doué par lui-même de puissance et de volonté. Claviers sublimes et silencieux, la nature et l'art ont besoin que la main du maître leur commande de vibrer.

Dans l'ordre naturel, le maître, c'est Dieu.

Dans le domaine de l'art, l'homme est roi.

Mais — faut-il le rappeler ? — l'œuvre humaine

ne peut être qu'une image abrégée du divin poème. Des deux maîtres dépositaires de la vie, l'un n'a qu'une puissance étroite et participée, tandis que l'autre puise, quand il le veut, aux sources mêmes de l'être. De là ces affaissements de l'intelligence jalouse de se perdre dans l'infini, et que son poids maintient misérablement dans le fini.

§ III. — EN INTERPRÉTANT LA NATURE, L'ARTISTE A POUR TERME SPÉCIAL L'EXPRESSION DE LA VIE. — Cependant, quelque distance qui sépare les deux créations, la nature et l'art, l'une et l'autre ont pour objet l'expression de la vie.

C'est en cela que l'artiste est l'imitateur de Dieu.

Qu'est-ce que la cadence ou la mesure dans l'art des sons, si ce n'est l'image confuse des pulsations de la vie? Qu'est-ce que la couleur, sinon l'ingénieux mensonge de l'artiste avide de fixer pour les siècles la carnation de l'homme produite par la vitesse du sang? L'architecte précise la valeur des ombres et des lumières sur la blancheur immobile des surfaces, afin qu'elles s'animent sous le regard. Le sculpteur pétrit la glaise, il lui donne la forme, le relief, le caractère, l'attitude, le mouvement, le regard de l'homme, et son œuvre porte sur chaque pli d'un épiderme d'argile ou de marbre l'illusion complète de la vie.

§ IV. — DANS L'EXPRESSION DE LA VIE, LE SCULPTEUR N'A QU'UN TYPE QUI EST L'HOMME. — Mais la vie a des degrés. Elle est dite végétative lorsqu'il s'agit de la plante, sensitive quand nous parlons de l'animal, raisonnable si nous traitons de l'homme.

Or, le sculpteur est tenu de parler ces trois vies, car la statue les résumera toutes ; elle sera la manifestation de la vie dans sa plénitude puisqu'elle doit rappeler l'homme qui est l'exemplaire de la vie à son plus haut degré, à son plus complet développement.

Il va de soi qu'en parlant ainsi nous ne prétendons point juger la vie de Dieu pas plus que celle de l'ange ; l'une et l'autre échappent à notre entendement. Renfermés dans l'ordre naturel, c'est l'homme, placé par Dieu au-dessus de toute création terrestre, qui nous occupe ; c'est lui que nous posons en face du statuaire comme le type, le modèle et l'inépuisable sujet avec lequel il convient que le génie se mesure.

Le vrai statuaire ne voudra donc pas s'attarder à simuler une maison, des armes, quelques meubles, un gorille ou même les lions du désert.

C'est à l'homme qu'il doit tendre.

C'est à l'homme et à l'homme supérieur que l'artiste qui ne ment pas à son inspiration doit viser.

Il l'étudiera dans son corps, dans la grâce ou l'énergie de ses membres, dans la puissance ou l'attrait de sa pose qu'il saura fixer sur la pierre.

Que dis-je? Ce premier labeur est la voie, il n'est pas le but.

§ V. — CE QUE LE SCULPTEUR DOIT CHERCHER DANS L'HOMME, C'EST LA PENSÉE. — Qu'est-ce qu'un corps?

L'homme moins agile que l'aigle, moins robuste que le lion, serait-il le roi du monde créé sans la vie de l'intelligence, l'âme, le souffle idéal et divin dans lequel s'enveloppe la pensée?

Malheur au statuaire sans audace qui ne cherche pas la pensée.

Il porte contre lui-même un arrêt terrible. L'esprit appelle l'esprit, comme la matière appelle la matière. Si donc le sculpteur en face de l'homme ne saisit et ne sait rendre que des formes où n'habite pas la pensée, c'est que toute lumière s'est éteinte chez l'artiste. Il marche dénué de pénétration, sans courage comme sans amour, le cœur froid.

Il a sur lui ce châtiment : l'absence ou la cécité du génie.

Sa main toujours habile commande encore à l'outil. Mais parce qu'il n'a su dire que la vie végétative ou la vie sensitive que l'homme porte dans son corps, parce qu'il s'est détourné de l'âme raisonnable de son modèle, le philosophe, à son tour, se détourne de sa statue.

Autre eût été la destinée de son marbre s'il l'avait imprégné de ce rayonnement qui vient de l'âme, et que Phidias savait épandre sur le corps tout entier, aussi bien dans les yeux de ses figures que dans leur attitude, sur le torse nu de Bacchus, sur les draperies flottantes des Puissances marines.

C'est à ce prix qu'un corps d'homme est vraiment vêtu de majesté. A la pondération des lignes s'ajoute ce charme immatériel qui donne à l'âme de transparaître et de surgir dans sa toute-puissance séductrice.

§ VI. — LE SIGNE SENSIBLE DE LA PENSÉE OU LA BEAUTÉ MORALE EST INSÉPARABLE DE LA VIE. — N'est-ce pas Plotin qui a dit : « La beauté brille de tout son éclat sur la face d'un vivant, tandis qu'après la mort on n'en distingue plus que la trace [1] ? »

Telle est la loi première posée par le génie d'un ancien. L'artiste épris de la beauté doit la chercher dans la vie. Mais nous venons de dire que la vie raisonnable a des droits supérieurs à l'étude du statuaire. Cette vérité serait-elle d'une application récente ? Les Grecs, amis des belles formes, se sont-ils élevés jusqu'à la contemplation de la beauté morale ? L'âme, au sens spiritualiste du mot, s'est-elle jamais révélée aux penseurs d'Athèthènes dans ses rapports avec l'enveloppe corporelle qui lui sert de vêtement ?

N'en doutez pas.

J'ouvre la *République* de Platon : « Ce n'est pas à mon avis, le corps, si bien constitué qu'il soit, qui

---

[1] *Ennéades*, VI, 7, 22.

par sa vertu rend l'âme bonne ; c'est au contraire l'âme qui, lorsqu'elle est bonne, donne au corps, par la vertu qui lui est propre, toute la perfection dont il est capable [1]. »

Et ailleurs :

« Le plus beau des spectacles pour quiconque pourrait le contempler, ne serait-il pas celui de la beauté de l'âme et de celle du corps unies entre elles et dans une parfaite harmonie [2] ? »

Voilà certes le rôle de l'âme hautement défini, sa part d'action dans l'art plastique tracée d'une main savante.

C'est le divin Platon qui informe le statuaire que quoi qu'il tente, s'appelât-il Praxitèle ou Socrate, quelqu'un l'aura précédé dans son œuvre. L'homme qu'il va traduire dans un marbre élegant a déjà senti le ciseau ; certaines parties de son être ont dû céder sous les coups de maillet d'un sculpteur.

Ce sculpteur, c'est l'âme.

L'âme s'est emparée de la chair. Elle l'a soumise. Des plis profonds, glorieuses cicatrices ou vestiges sans honneur, attestent l'action décisive

---

[1]. *Républ.*, III, 403.
[2]. *Lois*, III, 402.

du maître qui s'est fait un abri dans ce corps que tout à l'heure vous allez ébaucher dans le granit.

Qu'est-ce qu'un temple sans dieu?

Oseriez-vous prétendre que le corps vous intéresse, tandis que l'âme vous reste étrangère?

Le corps, c'est le temple. Le dieu, c'est l'âme.

N'essayez pas d'échapper à l'appel du dieu. Sa lumière vous baigne malgré vous. Ouvrez le regard. *Deus, ecce deus.* L'âme surabonde, elle éclate, elle commande, elle est reine. C'est elle qu'il faut voir, elle qu'il faut comprendre et sculpter, car le philosophe vous l'a dit : De la beauté de l'âme et de celle du corps unies entre elles dans une parfaite harmonie naîtra le plus beau des spectacles.

§ VII. — LE SCULPTEUR DOIT PARTICULARISER LA VIE DE SON MODÈLE. — Mais si le statuaire est tenu d'interroger la vie de son modèle afin que sa statue soit l'expression la plus achevée de l'art; s'il doit scruter l'âme et le corps dans leur activité maîtresse, peut-être n'est-il pas sans intérêt de préciser ce qu'il faut entendre par la vie.

Qu'est-ce que la vie?

On a dit : La vie d'un homme se définit par l'objet

même qui le passionne et qui détermine ses efforts[1].

Je vous entends. Doués d'aptitudes diverses, intelligents à des degrés qui ne sont pas les mêmes, les hommes ne se sentent point portés vers un même but ; ils diffèrent dans leurs goûts et dans leurs travaux.

Nul ne le conteste.

Mais alors, dites-vous, il y a plusieurs vies. Ce que vous venez d'écrire peut s'appliquer aux individus, cela ne s'applique pas à l'homme.

Qu'importe ? Nous nous adressons au statuaire.

Est-ce que jamais l'artiste est tenu de représenter cette abstraction philosophique que nous appelons l'homme ? Est-ce que l'être impersonnel sollicite son ciseau ? Non. L'homme que l'artiste a mission de traduire dans son marbre a été un homme.

Il a vécu *sa* vie.

Un génie particulier l'a fait distinct de ses contemporains. Ses œuvres portent son nom, perpétuent son souvenir et font de lui une individualité.

C'est donc cette vie spéciale, qui n'est pas la même pour l'homme des batailles et l'homme du

---

[1] *Vita hominis est in quo maxime homo delectatur et cui maxime intendit.* S. THOMAS. *Summa* 1ª pars. 9. 18, 2, 2um, et 2-2, p. 9. 81, 1, 5um.

foyer, pour le philosophe et pour l'inventeur, que le statuaire est tenu de pénétrer afin de se l'approprier et de l'écrire à son tour.

Un statuaire est un scribe.

Ouvrez les œuvres de Sophocle et de Virgile, de Démosthènes et de Cicéron. En quelque idiome que les livres merveilleux de ces génies des temps anciens nous deviennent familiers, vous admirez le grand souffle du poète d'*OEdipe*, la mélancolie du chantre de l'*Énéide*, l'âpre éloquence de Démosthènes, l'ampleur majestueuse de Cicéron. Pourquoi ? Parce que les scribes, en transcrivant ces maîtres de la pensée, les ont respectés. Ils ont tenu à ne pas porter atteinte au caractère, au style, à la mesure qui distinguent chacun d'eux.

Que les statuaires suivent cet exemple.

Eh quoi ? La tâche est-elle donc si malaisée ?

Que fait une jeune mère ? Elle s'applique à discerner l'homme dans l'enfant. Tel mot, tel regard, tel penchant, lui est un indice de la vocation de son fils.

Elle se raconte déjà cet avenir.

Et vous qui viendrez plus tard, dans dix ans, dans cent ans peut-être ; vous qui aurez sous le regard le livre ouvert et complet d'une grande existence, vous ne sauriez y lire les vertus maîtresses de votre modèle ?

Vous n'avez donc pas de génie ? Que dis-je ? Vous n'avez donc pas même de divination ?

§ VIII. — TOUTE GRANDE VIE EST UNE, ET PEUT ÊTRE RÉSUMÉE PAR LE STATUAIRE. — Multiple à la surface, l'action de l'homme est nulle ou elle est une.

Elle est nulle chez ceux qui n'ont pas devant les yeux, selon la parole du poète :

> Ou quelque saint labeur, ou quelque grand amour,
> Car de son vague ennui le néant les enivre,
> Car le plus lourd fardeau, c'est d'exister sans vivre ;
> Inutiles, épars, ils traînent ici-bas
> Le sombre accablement d'être en ne pensant pas.

La statue n'est pas faite pour ceux-là.

L'action de l'homme est une toutes les fois que l'âme a gardé la direction d'elle-même.

N'en soyez pas surpris.

Lorsque la pensée envahit l'être, elle le subjugue sans retour, pour peu qu'il commande à sa volonté. D'autre part, la vie de l'homme toujours brève lui permet à peine de graviter pendant quelques heures autour d'une inspiration d'en haut. Nous usons nos jours à poursuivre l'infini sans l'atteindre, et lorsque nous avons conscience de la voie qui peut nous conduire à la vérité, au bien, à la beauté suprême, un cri s'échappe de nos lèvres tremblantes, et dans ce cri se résume une vie d'homme.

Le cri d'une âme, voilà ce que l'artiste doit traduire.

§ IX. — Le milieu social. — Et qui oserait dire que ce soit là une œuvre ingrate ?

Sans doute il ne suffit pas de s'approcher d'un modèle et de se recueillir pour bien l'entendre. L'homme supérieur est inséparable de son époque. L'artiste, le statuaire, s'il a vraiment souci de léguer un chef-d'œuvre à ceux qui le suivront, est tenu d'étudier les contemporains de son modèle dans les événements publics qu'ils ont traversés, dans les passions qui les ont émus, dans leurs mœurs. C'est ainsi que la figure personnelle d'un grand homme se généralise et acquiert du même coup le caractère distinctif auquel elle a droit.

Accumulés sur un seul marbre, les éléments épars que l'artiste peut recueillir dans l'histoire d'un siècle lui permettent d'offrir l'image typique et particularisée de ce siècle.

D'Aguesseau devient le magistrat, Condé le capitaine, Descartes le philosophe, et leur image, individuelle sous ses grands aspects, permet encore de saluer Descartes, Condé, d'Aguesseau.

§ X. — DE LA CARACTÉRISTIQUE D'UNE GRANDE VIE. — Toutefois, en face de l'influence d'un homme sur son siècle et de la réaction de ce siècle sur lui, l'artiste ne laissera pas que d'être souvent perplexe à l'endroit de la caractéristique qu'il devra définir avec son ciseau.

C'est pourquoi nous aiderons le statuaire dans son œuvre en éclairant sa marche.

Si variées qu'elles paraissent, les aptitudes de l'homme se ramènent à deux groupes.

En effet, la vie que nous avons envisagée comme le terme de l'attraction dominante qui s'impose à l'homme, et le but de ses efforts, la vie se manifeste par le mouvement.

Vita in motu, dit l'École.

Or, il ne peut exister que deux mouvements :

L'un est intime, ou de contemplation ;

L'autre extérieur, ou d'action.

De là deux vies : la vie spéculative et la vie pratique.

Deux classes d'hommes : les hommes de pensée et les hommes d'action.

L'un et l'autre de ces groupes sont dans le mouvement, mais quelles différences à observer dans les signes que tracera l'artiste s'il doit représenter un philosophe ou un capitaine !

Au mouvement calme, reposé, méditatif, plein de profondeur et de majesté, qui sied à l'image du philosophe, du poète, de l'historien, du savant ou de l'inventeur, il opposera le mouvement agité, rapide, provocateur et parfois violent qui révèle l'homme d'action, le guerrier, l'orateur, le gouvernant.

§ XI. — Comment le statuaire doit-il rendre sensible, en la résumant, une existence d'homme ? — Mais, là encore, il y a lieu de distinguer trois ordres d'action :

L'action intellectuelle, qui est celle de l'orateur et du maître enseignant ;

L'action tangible, qui est celle du soldat ;

L'action de justice et de charité, qui est celle de l'apôtre et du chef d'État.

L'artiste est tenu de parler sa pensée à l'aide de signes.

Quels seront donc ses signes préférés pour traduire, dans l'éloquence et la concision qui sont la parure de l'œuvre sculptée, le mouvement extérieur ou intime, l'action de l'orateur, du soldat ou du chef d'empire ?

Les Grecs, qui ont tout dit, vont nous l'apprendre. C'est à eux qu'il faut demander quel est le symbolisme de l'expression des traits, de l'attitude d'une figure, de ses attributs, du silence ou du bruit de l'image plastique, du nu et du vêtement dans leurs rapports avec le modèle représenté.

§ XII. — LA TÊTE ET L'EXPRESSION DU VISAGE. — Il serait téméraire de penser que les anciens n'ont pas connu l'importance de la tête humaine dans la statue.

Leurs ouvrages auraient-ils pour nous le caractère d'unité sublime que nous leur reconnaissons, si les traits du visage n'étaient en complète harmonie avec les aptitudes du modèle ?

Il est vrai, les Grecs pouvaient disposer le plus souvent d'un corps nu tout entier pour graver leur pensée dans le marbre. Ils n'étaient pas réduits, comme le sculpteur de nos jours, à marquer sur le visage humain la résultante des passions ou des vertus maîtresses de l'homme supérieur. Mais qu'importe ? ils aimaient la sculpture ; ils s'étaient instruits des lois qui la régissent et font de l'art plastique le premier des arts.

Entrez au Louvre. Observez la tête de *Posidonius*, et dites si les lèvres entr'ouvertes, le regard baissé, le front large, mais sans rides, ne révèlent pas le causeur sous le philosophe.

Très différent est *Démosthènes* : les lèvres fermées par la réflexion, l'œil fixe et résolu, le front chargé de pensées. Vienne l'heure de la lutte, les forces que tient en réserve l'orateur éclateront avec la soudaineté de la tempête.

Quelle tête méditative que celle du *Philosophe assis* du Palais Spada, dans lequel de Rossi a voulu reconnaître Sénèque, et Visconti Aristote ! Il est accoudé sur son genou, sans barbe, ce qui enlève de la grandeur au visage, et combien cependant les joues amaigries et ridées portent l'indice du travail intérieur ?

Au contraire, le bronze bien connu du Musée Borbonico improprement appelé *Séleucus*, et que rappelle si bien l'*Œdipe devant le sphinx* d'Ingres;

n'a-t-il pas le coup d'œil investigateur de l'homme aux prises avec quelque grave problème dont la solution doit lui venir du dehors?

Non, les Grecs n'ont pas négligé, comme on a voulu le prétendre, d'imprimer à la tête cette puissance d'expression devenue pour le sculpteur moderne la suprême ressource. Que les maîtres anciens aient subordonné la passion à l'eurythmie des lignes, quoi de plus habile? Le but dernier de l'art plastique ne sera-t-il pas toujours le beau dans son idéalité complète? Mais les artistes de notre temps demeurent intéressés à l'étude quotidienne de l'antique, eussent-ils à traiter seulement la tête humaine.

§ XIII. — L'ATTITUDE. — Parlons de l'attitude.

La flexibilité des muscles, l'étonnante souplesse des attaches, le jeu des membres permettent à l'homme de varier sa pose à l'infini. Entreprendre de décrire ou même d'énumérer les attitudes du corps humain, ce serait tenter une tâche vaine. Toutefois, il ne nous est pas interdit de définir les principes sur lesquels repose l'attitude.

L'attitude est dite stable ou instable.

Elle est instable dans la statue d'un homme qui est en mouvement.

Elle est stable dans les figures immobiles.

Si notre lecteur se reporte à ce que nous avons dit des deux catégories auxquelles peuvent se ramener toutes les figures qui sollicitent le ciseau de l'artiste, il pensera comme nous que l'attitude instable convient aux hommes d'action, l'attitude stable aux hommes de pensée.

§ XIV. — De l'attitude stable. — Mais ce sont là les lois premières ; il faut en chercher les déductions.

Prendrons-nous pour exemple les figures assises ?

Leur symbolisme est des plus variés.

Tout d'abord, il va de soi que les hommes d'action ne peuvent être représentés dans cette attitude. Le corps replié sur lui-même, adhérant au sol qu'il cesse de fouler d'un pied dominateur, est privé de mouvement. On ne peut rien attendre de spontané du personnage modelé dans la consistance d'une telle pose. En revanche, la pensée dans sa maturité, la justice immuable, la puissance ou la force dans la durée, l'éternité des dieux, trouvent dans la statue assise un signe qui corrobore le caractère moral du sujet.

Vous faut-il des modèles ? Le *Philosophe assis* du Musée Chiaramonti, un volume dans la main droite, le torse légèrement porté en avant ; *Moschion*, le poète de Syracuse, au Musée Borbonico ; le marbre grec de la collection Egremont, appelé *le Philosophe*, n'indiquent-ils pas par la pose uniforme et apaisée que leur a donnée l'artiste, le labeur de l'esprit ? Ni les rides du premier, ni les volumes que tient Moschion, ni le pallium en désordre de la statue de Londres, n'auraient eu le pouvoir d'imprimer sur ces figures le signe de la méditation que l'attitude leur confère avec tant d'énergie.

Etudiez la *Statue municipale* de la collection Giustiniani représentant un personnage vêtu d'une tunique attachée sur l'épaule droite, un manteau jeté sur le bras gauche, un papyrus déroulé dans une main, l'autre faisant un geste explicatif, et dites si le magistrat n'apparaît pas dans le maintien de cet homme, occupé à commenter le texte qu'il vient de lire.

Marcellus l'Ancien, une main en repos sur la cuisse[1] ; *Auguste*, le torse nu, le front couronné[2] ;

[1] Musée Chiaramonti.
[2] Musée Borbonico.

l'*Agrippine* du Capitole et *Faustine la Jeune* à la Galerie de Florence, tous élevés par l'artiste au rang de demi-dieux, ne sont-ce pas autant de statues assises où l'autorité suprême est écrite dans la majesté de la pose?

Après les empereurs, les villes qu'ils ont gouvernées : *Rome,* au Musée Capitolin, vêtue en Amazone, est assise sur une cuirasse; une *Ville inconnue*, de la collection Pamphili, est assise sur un trône; *Antioche*, au Musée Pie-Clémentin, sur un rocher. Une idée de possession s'ajoute ici à la puissance durable de ces villes dont l'une n'a pas craint de s'appeler la Ville Éternelle.

Au-dessus des princes et des empires sont les dieux. Nous n'essayerons pas de compter les statues assises de *Jupiter*, de *Cybèle*, de *Cérès*, de *Pluton*, que possèdent Naples, Rome, Londres, Paris. Le caractère immuable, qui est un des attributs de la divinité, reçoit de la stabilité de l'attitude un témoignage plastique dont l'artiste de nos jours ne doit pas méconnaître l'éloquence.

§ XV. — LE SCULPTEUR PEUT DONNER INDIFFÉREMMENT A UNE STATUE ASSISE OU DEBOUT UNE ATTITUDE STABLE. — Est-ce à dire que les figures assises soient les seules qui puissent convenir à la représentation des hommes de pensée, des chefs d'État et des dieux?

Gardons-nous de le croire.

L'homme n'est jamais plus beau que lorsqu'on peut dire de lui : *Stat* , il s'est levé, le voilà debout, il impose.

Mais si la statue que vous allez dresser dans l'attitude du commandement doit rappeler la prééminence de l'esprit, qu'elle soit immobile. *Apollon, Minerve, Polymnie,* au Musée du Louvre ; *Melpomène* à Naples, *Clio,* à Munich, *Euterpe,* de la collection Torlonia, sont debout, *Titus, Auguste* et *Trajan*[1], la plupart des *Statues municipales* de Rome et de Florence sont également debout. Elles ne sont pas en marche.

De même en est-il d'*Aristide*[2], dont la dignité familière porte l'indice du génie en possession de soi. *Eschine*[3], résolu, *Démosthènes*[4], la jambe droite posée en avant, un volume entr'ouvert dans les mains, laissent pressentir par leur immobile contenance le poète et l'homme d'étude.

---

[1] Musée du Vatican.
[2] Musée de Latran.
[3] Musée Borbonico.
[4] Musée du Louvre.

Observées au seul point de vue de la pose, ces figures sont donc autant de types sans lacunes que l'artiste doit connaître s'il est jaloux de vêtir son marbre de pensée.

§ XVI. — De l'attitude instable. — Etudions maintenant les hommes d'action.

Au premier abord, il semble que la statue de l'homme d'action soit un jeu pour l'artiste.

A peine a-t-on porté le regard sur le groupe des gladiateurs, des capitaines, des guerriers, qu'on se sent ébloui par la variété des ressources que l'art plastique réserve au sculpteur. Le mouvement, la vie palpable, apparaissent à l'œil de l'esprit comme un champ sans limites à la glèbe docile et toujours féconde.

Toutefois, le statuaire étant tenu de parler ce qu'il sent à l'aide de la matière, il faut craindre que la vie du corps soit plus promptement écrite sur l'argile que celle de la pensée. Puis, la sculpture est soumise à des lois que nul n'a le droit d'enfreindre. Le mouvement modelé doit être calme. L'agitation violente serait ridicule dans l'image plastique. La soudaineté, l'élan, la promptitude que réclame le sujet traité, veulent être gravés sur le marbre avec pondération et avec retenue.

En effet, n'est-ce pas un problème étrange que doit résoudre le sculpteur? Il va faire que le bronze opaque, la pierre massive soient le signe d'une attitude fugitive à peine saisissable pour l'œil, rapide comme l'éclair.

La pose de sa figure doit être dite instable.

Et cette pose, il est tenu de l'imprimer au bloc éternellement stable et froid par nature, sans subterfuges, sans trompe-l'œil; au bloc tangible, baigné dans toutes ses parties par la lumière du jour, qui, au gré de l'heure ou du lieu, efface un méplat, creuse une ride, souligne un relief.

Avec quelle prudence l'artiste ne devra-t-il pas procéder s'il veut, dans de telles conditions, produire l'illusion du mouvement.

Il faudra que son marbre soit remué sans être agité; qu'il raconte les frémissements de la passion, non son paroxysme; que le geste laisse deviner, si l'on veut, l'impétueux élan qui va suivre, perceptible seulement pour l'intelligence, car la matière inerte se refuse à toute expression littérale de la vie.

La pierre n'a pas le don de se déplacer, et le

statuaire souhaite qu'un peu de granit disposé sur un socle laisse croire à son déplacement perpétuel!

Comment donc fera-t-il ?

Les Grecs vont nous le dire.

S'étant pénétrés longuement de ces lois qui sont tout à la fois la ressource et le supplice des statuaires, les Grecs ont fixé pour les siècles, dans une langue divine, l'accent fugitif, insaisissable, mais cependant réel qui rompt le mouvement sans le détruire.

Entrons au Louvre.

Diane à la biche, en costume de chasseresse, était en marche ; mais une pauvre bête qui court à sa gauche, étant venue se réfugier sous la protection de la déesse, a fait naître dans son esprit une subite pensée. Tandis qu'elle retient la biche, sa main droite tire une flèche de son carquois, et sa tête, plus prompte que sa main se tourne vers l'arme protectrice qu'elle va saisir. Tout à l'heure la sœur d'Apollon courait à grands pas. Le mouvement du corps, les plis flottants de la tunique, les jambes nues, tout révèle, dans ce paros imprégné de colère et de grandeur, le bouillonnement intérieur d'une âme irritée; mais la marche violente, les pensées de vengeance ont fait place à quelque résolution soudaine ; Diane a suspendu sa course sans la rompre ; elle a gardé l'allure d'un élan rapide dont la réalité appartient à l'homme, mais non pas au marbre. Et il vous suffit de sentir que l'arrêt de la chasseresse est instantané pour que vous vous déclariez rassuré sur l'agilité de sa fuite prochaine. En un mot, le sculpteur a produit chez vous l'illusion du mouvement dans une immobilité consentie.

Une autre statue de *Diane*, également au Louvre, nous montre la fille de Latone vêtue d'une longue robe, le bras gauche fortement tendu en avant. L'œil respire la colère, mais la tête fièrement relevée, la main droite portée en arrière neutralisent, pour un instant peut-être, l'action du bras qui s'apprêtait à frapper. Toutes les énergies virtuelles de la déesse ont reflué vers le cœur. Diane se concerte avec elle-même, et son image, habilement conçue, porte une fois encore le signe vivant d'une activité dont la déesse ne s'est pas désintéressée.

Il en est de même de la *Diane chasseresse*[1], du *Gladiateur* du Musée de Dresde, qui marche à pas précipités, les bras tendus ; de *l'Enfant portant*

---

[1] Musée du Louvre.

des raisins[1], et enfin du plus célèbre de tous les antiques au point de vue de l'action, du *Gladiateur combattant*[2]. Observez ces belles œuvres. Le corps et les membres sont en mouvement, mais la tête s'est retournée, le regard est distrait, la pensée est en relation avec quelque objet différent du but vers lequel tendait l'effort premier, et voilà que, pendant la durée de l'éclair, l'acte est supendu sans être oublié.

Aussi souvent que le signe d'une action extérieure appelle son ciseau, l'artiste est donc tenu de satisfaire le regard par une alliance heureuse de l'impalpable et du réel, de la vie et de la matière, du repos dans le mouvement. C'est l'argile, c'est le marbre qui commandent au statuaire de respecter cette loi. Les Grecs l'ont posée sans doute, mais le goût conseillait de l'adopter, puisque la marche ou le mouvement perpétués seraient constamment désavoués par le marbre et l'argile, au péril de toute harmonie.

§ XVII. — Un acte sans portée morale implique une attitude instable.— Mais les

---

[1] Musée du Vatican.
[2] Musée du Louvre.

lignes qui précèdent s'appliquent particulièrement aux personnages représentés en marche. Si nous admettons que l'homme ne songe pas à changer de lieu, le statuaire ne sera-t-il pas autorisé à parler très haut sa pensée, soit à l'aide du geste, soit à l'aide de la pose?

Non.

Tout lui commande la mesure, le laconisme, une certaine réticence, étant donné l'acte extérieur qui occupe son personnage. L'*Hercule* de la Galerie de Florence étouffe sans fatigue les serpents qui l'enveloppent. *Jason*, rattachant sa sandale[1], lève les yeux au ciel. Il n'y a pas jusqu'au *Cestiaire*[2], au *Discobole*[3] et à l'*Athlète*[4] qui ne soient souvent représentés dans des poses apaisées. Et c'est avec raison que les anciens ont modelé dans un sentiment aussi délicat des figures dont le symbolisme eût été aisément vulgaire, si l'artiste avait préféré pour elles l'attitude stable à l'attitude instable. Étreindre un reptile, mettre une sandale, être armé de cestes, porter le disque, s'ap-

[1] Londres, coll. Lansdowne.
[2] Londres, coll. Lansdowne.
[3] Londres, coll. Feversham.
[4] Berlin, Musée Royal.

prêter à oindre son corps d'huile de palmier, ne sont point des actes capables de retenir l'être tout entier. Il a paru aux maîtres qui ont sculpté ces marbres exquis que l'action qui ne relève pas d'une pensée forte était une action de surface et qu'il convenait de l'écrire d'une main légère.

§ XVIII. — CARACTÈRE D'UNE STATUE ÉQUESTRE. — On le voit, la statue debout peut revêtir l'un ou l'autre des caractères qui distinguent l'attitude. Il n'en est pas de même de la statue équestre dont l'attitude est toujours instable.

L'homme élevé de terre et porté sur un animal dont la simple silhouette éveille une idée de mouvement, dépouille dans l'image équestre le poids et la lenteur qui sont le pénible apanage de son corps. Qui n'a présents à l'esprit les statues de *Marc-Aurèle*[1], de *Balbus père*[2], d'*Alexandre*[3], la *Statue impériale*, publiée par Guattani[4]; le petit bronze du Musée de Naples, *Amazone combattant*; le marbre grec de la même collection, *Amazone*

---

[1] Voir GUATTANI, Coll. chevalier Azzara.
[2] Voir GUATTANI, Coll. chevalier Azzara.
[3] Musée Borbonico.
[4] Musée Capitolin.

blessée ? Toutes ces figures, sans exception, parlent de conquête, de lutte énergique et de mouvement.

La statue équestre convient aux guerriers et aux chefs d'empire.

§ XIX — SYMBOLISME DE LA STATUE COUCHÉE. — Quel est le symbolisme de la statue couchée ?

La défaite, le sommeil ou la mort restent gravés dans les lignes horizontales d'une figure couchée.

Certes, on ne voudrait pas prétendre que la pose ait ici rien d'instable.

Elle est stable, il faut en convenir, mais avec ce caractère singulier que sa consistance sied surtout à la représentation modelée de l'homme d'action.

N'est-ce point un paradoxe que nous venons de formuler ?

Non.

La statue couchée fait naître l'idée de la cessation violente du mouvement. Une telle pose a je ne sais quoi d'excessif et de subi. Toute liberté disparaît chez l'homme terrassé. Il a été vaincu. Que ce soit l'épuisement, l'ivresse, le sommeil ou la mort qui l'aient dompté, qu'importe ? L'anéantissement de toute force imprimé sur les membres, organes de l'action, donne la mesure d'une lutte inégale où l'homme a succombé. Le corps est en telle situation que nul acte ne paraît imminent. Toute loi d'alternance est brisée; mais, par une loi de contraste, la négation de la vie fait songer à la vie.

Rappelez-vous les *Enfants endormis* de la collection Westmacott, le *Pêcheur* du Musée Britannique, le *Silène* de la collection Mattei ou celui de la villa Ludovisi, le *Gladiateur mourant* du Capitole, les *Gladiateurs morts* du Musée Borbonico, les *Figures funéraires* du Musée Capitolin et de la villa Pamphili : est-ce que ces marbres ne portent pas l'indice évident d'une défaite de l'être physique ? L'esprit ne connaît point ces abdications totales qui s'imposent au corps et restent lisibles sur chaque pli de l'épiderme ; aussi est-ce le corps, la matière qui domine fatalement dans une figure couchée. De là une pente naturelle et presque irrésistible qui porte le spectateur à supposer que la statue couchée doit être l'effigie d'un homme d'action.

Ajoutons que, dans le domaine de l'allégorie, les Grecs ont affecté de donner une pose horizontale aux divinités marines. L'*Océan*, du Capitole, celui du Vatican, les *Nymphes des fontaines* des collections Torlonia, Lansdowne et Pembroke sont des statues couchées. Peut-être faut-il voir dans l'attitude de ces figures une relation cherchée avec le spectacle des eaux qu'elles symbolisent. Adhérentes au sol qu'elles fécondent, les vagues se meuvent parallèlement à leur base.

§ XX. — LES ATTRIBUTS. — De quel secours les Grecs ne seraient-ils pas pour les modernes, si nos artistes consentaient à l'étude des statues antiques au point de vue des attributs !

Ici, la sobriété que commande le goût ; là, une profusion sans mesure.

Nos sculpteurs accumulent à plaisir des objets de toute nature sur le socle des statues qu'ils dressent. Heureux encore lorsqu'ils ne chargent pas les mains de leurs personnages de ces accessoires sans grâce qui rompent la pureté des lignes, empêchent le jeu de la lumière et font crépiter le marbre devant le regard.

Des deux *Gladiateurs* du Musée de Naples dont nous parlons plus haut, le premier tient une épée et a, près de lui, sur la plinthe, une courroie ; un sabre à la lame recourbée est l'unique attribut du second. *Alexandre armé*, au Musée Capitolin, tient un tronçon de lance dans la main droite. Un bâton, quelques papyrus en faisceau permettent de nommer *Homère* dans le pentélique retrouvé à Herculanum [1].

Et c'est ainsi que la beauté plastique recevait, de la main des Grecs, une splendeur accrue par le silence des détails.

L'artiste qui particularise sa statue avec excès descend vers l'image iconique.

Le statuaire qui généralise ses personnages monte vers l'idéal.

§ XXI. — Le nu et le vêtement. — Le nu est la condition de la sculpture.

C'est le corps de l'homme visible tout entier qui a permis aux Grecs d'écrire l'âme dans la forme. L'art moderne, tenu de se mesurer trop souvent avec des vêtements sans noblesse, sans caractère, se réfugie dans l'interprétation de la tête humaine. C'est dans l'expression des traits qu'il concentre son effort, sa science, son génie.

Toutefois, il est d'heureuses occasions dans les-

---

[1] Musée Borbonico.

quelles l'artiste de nos jours peut concilier les lois nouvelles qui régissent l'art plastique avec les principes respectés chez les anciens.

Ces occasions, les maîtres les suscitent. Ils savent trouver dans l'alliance des styles un élément de jeunesse, de variété, de grandeur, dont ils précisent eux-mêmes les limites, et, de ces audaces, naissent les deux ou trois chefs-d'œuvre qu'un siècle peut compter en sculpture et qu'il lègue aux âges qui le suivent.

Mais l'inexpérience du grand nombre à parler le nu est étrange.

Non-seulement la sévérité de la statuaire est méconnue par des hommes sans inspiration, dont les tendances équivoques ne font doute pour personne, mais ceux-là mêmes que la beauté chaste d'un marbre sans voile sollicite oublient le vrai symbole du nu et du vêtement.

Les Grecs, qui n'appartenaient pas à la même société que nous, ont eu cependant la notion de toutes les vérités nécessaires qui intéressent la sculpture.

Or, voici ce que nous apprend l'observation des marbres antiques.

Le nu, adopté pour les figures d'hommes,

exprime une idée de commandement, de triomphe, de transfiguration. Le nu est un des attributs du divin.

Au contraire, dans les figures de femmes, les mêmes caractères ne sont bien exprimés que par le vêtement.

Ptolémée, au Musée Capitolin, *Tibère*, au Musée Chiaramonti, *Claude* et *Trajan*, à Naples, plusieurs *Statues impériales* de la collection Giustiniani, représentent des personnages déifiés, et les artistes qui les ont sculptés ont fait choix du nu afin de mieux préciser le sens idéal de l'image.

Deux marbres de *Mercure*, à Dresde, une statuette du même dieu, au cabinet des médailles à Paris, un *Jupiter*, au Louvre, *Mars*, *Bacchus* et maint autre habitant de l'Olympe sont représentés sans vêtements.

Il n'en est pas de même à l'égard de *Diane*, de *Minerve*, de *Cérès*, de *Polymnie*. Leurs marbres sont au Louvre. Une *Vestale* à Dresde, des *Prêtresses*, à Naples et au Vatican, *Pénélope*[1], les *Filles de Balbus*[2], *Agrippine l'Ancienne*, *Faustine*[3],

---

[1] Musées de Dresde, du Vatican, et coll. Marconi.
[2] Musée Saint-Marc, à Venise.
[3] Musée Borbonico, à Naples.

toutes les statues d'*Impératrices*[1], sont vêtues.

Et ce n'est point avec l'intention d'établir des degrés dans l'apothéose que les anciens ont agi de la sorte. Ils ont eu le sentiment des suprêmes convenances qui sont le patrimoine de la sculpture ; aussi ont-ils entouré de respect et de pudeur l'effigie modelée de la femme qu'ils voulaient honorer.

Comment donc se fait-il que des artistes de ce temps oublient le caractère de l'épouse, de la mère, de la jeune fille, de la prêtresse, et adoptent le nu sans motifs, disons plus, au mépris de toute raison ? Nous serions tenté de leur appliquer, chaque année, la parole sévère de Duret : « Je m'aperçois que vous avez de l'adresse et du métier ; mais il vous manque trois choses pour faire des progrès : l'observation, la comparaison, le jugement[2]. »

§ XXII. — Nécessité pour le statuaire de recourir a la tradition. — Nous avons

---

[1] Vatican.
[2] Voir Charles Blanc, *les Artistes de mon temps*, Paris, Firmin Didot et Ce, 1876 ; in-8.

sumé les règles qui peuvent éclairer le sculpteur avant qu'il entreprenne sa statue.

Nous avons traité de la tête humaine, des figures assises ou debout, en marche ou au repos, images de l'homme d'action ou de l'homme de pensée.

Les attributs, le nu et le vêtement nous ont occupé dans ces pages.

Puissent-elles tomber entre les mains de quelque artiste, mais leur leçon serait vaine si nous n'avions, par les nombreux exemples que nous rappelons, incliné l'esprit du sculpteur vers les œuvres d'où jaillit tout enseignement pour lui ! Notre joie sera grande si nous avons pu préparer le praticien d'hier à devenir un « poète du marbre. »

Or, ce titre sera le sien s'il sait se montrer fidèle au culte et à l'étude des maîtres immortels : les Grecs.

CHAPITRE IX

LE GROUPE

§ I. — Qu'est-ce que le groupe ? — Après avoir traité de la statue, il convient de parler du groupe.

Qu'est-ce que le groupe ?

Le groupe est l'expression totale de l'art du sculpteur.

Nous avons dit de la statue qu'elle résume l'art plastique. Le groupe est l'épanouissement de cet art. Il est le terme dernier de toute création pour l'artiste. Le statuaire ne saurait éprouver d'impulsion qui le porte au delà du groupe. Si nous observons le sculpteur dans sa formation intellectuelle, l'objet de son étude doit être la statue ; mais si nous l'accompagnons plus tard dans la vie, s'il nous interroge sur l'œuvre maîtresse vers laquelle doivent converger son intelligence, sa volonté, l'effort de sa main, c'est un groupe que nous lui demanderons de produire.

Pourquoi ? Quelle peut être la raison philosophique de cette loi ?

Nous allons le dire.

§ II. — Toute pensée d'artiste se présente a l'état de groupe. — L'homme est un être essentiellement sociable qui ne conçoit rien sans relation. Ce qu'il voit dans sa propre mémoire, il le compare et le rapproche. C'est à l'état de groupe que les idées se meuvent dans son esprit.

L'isolement n'existe pas dans nos facultés.

Un enchaînement continu caractérise le jeu de la pensée, de même que la succession des heures, les battements ininterrompus des artères constituent la vie.

Ainsi des individus. Quels groupes multiples et changeants ne forment-ils pas depuis le foyer domestique jusqu'au forum où se tiennent les assemblées ?

Qu'est-ce qu'un peuple, qu'est-ce qu'une patrie ?
Un groupe.

Lorsque l'artiste se prend à chercher un sujet, quoiqu'il fasse, l'individualité qui se réclame de lui n'est pas isolée. Elle lui apparaît dans son cadre, dans son milieu.

S'il veut honorer un soldat, il le compare à Miltiade ou à Napoléon. Est-ce un orateur qui l'attire? Démosthènes ou Berryer s'impose à sa pensée. Si c'est une page allégorique que l'artiste se propose de modeler, il ne s'arrêtera pas au symbole du Patriotisme sans avoir pesé malgré lui ce que vaudrait l'image du Dévouement ou celle de la Liberté qui se dressent instantanément sous son regard.

Et l'artiste, qui n'a dans ses mains qu'un pouvoir limité, voudrait être libre d'écrire les nuances de la passion sur des fronts divers et sans nombre, afin de laisser à chacun le signe distinct d'une pensée toujours saisissable, sans rien sacrifier de la vision qui l'enivre.

Mais c'est une statue, c'est un buste qu'on exige du sculpteur. Que va-t-il faire? Il va plier sous le joug, et demander au marbre l'image isolée d'un grand homme; toutefois, il ne détourne pas le regard des figures idéales qui font cortège à son modèle, et si vous l'approchez pendant son travail, vous l'entendrez dire :

« Cet homme dont j'honore la mémoire, ce citoyen, ce magistrat, ce poète, qui va revivre dans un marbre, ne suffit pas à l'expression du courage, de l'intégrité, du génie d'un grand peuple. Je lui destine un frère. Je dresserai quelque jour l'image parallèle de ses émules. » — Corneille ne se conçoit pas sans Molière, Jeanne d'Arc appelle Jeanne Hachette. L'Hospital et d'Aguesseau, Turenne et Vauban, Gœthe et Schiller ne sont pas séparables dans l'esprit du sculpteur.

Et le statuaire compte sur l'avenir pour traduire son inspiration dans sa plénitude.

Alors qu'il affine un marbre solitaire, ce marbre n'est pour lui qu'une ébauche, un fragment du groupe entrevu et rêvé.

Le groupe est au sommet de toute pensée d'artiste.

§ III. — Y A-T-IL DES RÈGLES SPÉCIALES A LA COMPOSITION DU GROUPE ? — Telle est l'importance du groupe en sculpture. Mais les difficultés qui s'opposent à sa perfection doivent être grandes. Y a-t-il des règles que le statuaire soit tenu d'observer pour bien exécuter un groupe ?

Assurément.

Si le groupe est l'expression complète de l'art,

s'il est la création pleinement réalisée dans le marbre ou le bronze, il va de soi que les lois générales de la statue s'appliqueront au groupe, mais elles reçoivent une extension naturelle du caractère multiple du sujet traité.

Nous avons dit la genèse de l'inspiration chez l'artiste, le symbole de la pose, du nu, du vêtement, des attributs dans l'œuvre sculptée ; nous ne reviendrons pas sur ces questions.

Aucun des principes que nous avons posés jusqu'ici ne doit être mis en oubli par le sculpteur qui veut produire un groupe.

Mais l'artiste ne serait pas suffisamment armé contre l'obstacle si nous n'exposions les règles spéciales en dehors desquelles le groupe ne peut exister.

§ IV. — DES DIFFÉRENTES SORTES DE GROUPES. — Le groupe est simple ou il est composé.

La dualité est le caractère essentiel du groupe simple ; la multiplicité, celui du groupe composé.

En effet, il ne saurait y avoir union, rapprochement, sans que deux personnes soient en présence, et, d'autre part, plus une assemblée compte de membres, plus aussi le groupe qu'Ile présente est imposant.

§ V. — Du groupe simple et des lois qui le régissent. — Sur quelles lois repose le groupe simple ?

Sur une loi de parité et sur une loi de proportion.

Nous ne rappelons pas ici ce que nous avons toujours dit, à savoir qu'aucune œuvre n'est possible sans unité. Tout ce qui n'est pas un, manque de vie, et, par conséquent, ne saurait prétendre à la durée. Ce principe ne peut être éludé. Il est à la fois le point d'appui et la splendeur de toute chose créée, l'Auteur des mondes étant lui-même l'unité suprême. Ce principe posé, demandons-nous en quoi consiste la loi de parité.

Burke va nous l'apprendre : « La succession et l'uniformité des parties, écrit le philosophe anglais, constituent l'infini artificiel [1]. »

La succession étant inévitable dans une œuvre d'art telle que le groupe qui comporte plusieurs

---

[1] *Recherches philosophiques sur l'origine de nos idées du sublime et du beau*, par Edmond Burke, traduit de l'anglais par E. Lagentie de Lavaisse. Paris, Jusserand, an XI, in-8°.

personnages, nous trouvons superflu de rechercher dans quelle mesure elle concourt au sublime. Il est évident que des impulsions répétées accoutument nos sens à suivre une direction dont le terme dépassera la limite réelle des objets. Notre esprit, sollicité de se mettre en mouvement, perçoit l'idée de progrès dans les appels successifs des sens. Et dès que la commotion passe du domaine des sens dans celui de la pensée, il se fait, — si la comparaison nous est permise, — sur les ondes plus pures de l'intelligence, comme une suite de vibrations grandissantes, et cet ébranlement magique jette le spectateur d'un chef-d'œuvre dans les joies de l'extase.

Mais comment un philosophe ose-t-il mettre en regard de la succession des objets leur uniformité ? Y a-t-il lieu de penser que ce caractère singulier soit de nature à flatter l'esprit ?

§ VI. — Loi de parité. — Oui. Et voici, d'ailleurs, quelle preuve Burke lui-même apporte à l'appui de sa thèse :

« L'uniformité, dit-il, est nécessaire si l'on veut porter la pensée au delà du réel ; car, si les parties changent de figure, l'imagination rencontre un obstacle à chaque changement. Toute altération devient le terme d'une idée et le commencement d'une autre : dès lors, il reste impossible de poursuivre cette progression ininterrompue qui seule peut imprimer aux objets bornés le caractère de l'infinité. »

Nous trouvons dans ces lignes le principe de parité nécessaire à la composition du groupe. Qu'est-ce que la ressemblance, l'égalité de nature, la valeur correspondante, la relation réciproque, sinon ce que le critique anglais appelle l'uniformité ?

Essayez d'enfreindre cette loi, le groupe cesse d'exister.

Il y a bien sur ce même socle, sur ce même carré de marbre plusieurs êtres juxtaposés, mais, si voisins qu'ils soient, la loi de parité ayant été méconnue, je ne puis voir dans votre œuvre que des objets distincts, sans relation vraie, à jamais séparés par la différence des natures, des aptitudes, du caractère, de la puissance, de la forme elle-même : encore une fois, il n'y a point de groupe.

Laocoon, sans ses fils, se tordant sous les

étreintes du reptile qui l'enserre, ne serait plus autre chose qu'une statue. L'*Hercule étouffant les serpents*, à la Galerie royale de Florence; *Ulysse sous le bélier*, s'échappant de l'antre de Polyphème, à la collection Pamphili; *Ganymède enlevé par l'aigle*, au Musée Pie-Clémentin; *Europe emportée par le taureau*, au Vatican; *Léda et le cygne*, au Musée Saint-Marc, à Venise; *Diane à la biche*, au Musée du Louvre, sont des statues.

Est-ce donc que le sculpteur inhabile n'a pas su enlacer assez étroitement l'homme et l'animal pour qu'il y eût unité dans son œuvre?

Non. Ce n'est point le talent qui a manqué.

Des marbres que nous rappelons, plusieurs méritent d'être dits sans lacunes. Hercule est vraiment en lutte avec les serpents; Ulysse, tremblant de peur, se cramponne avec désespoir à la toison du bélier; Ganymède s'élève avec grâce dans les airs, emporté par l'aigle; Léda repousse les caresses de Jupiter transformé en cygne; Diane la chasseresse modère avec vérité une jeune biche dans sa fuite; mais si la composition demeure à l'abri de la critique, je ne retrouve pas ici l'unité que réclame le groupe, parce qu'il n'y a pas relation directe entre l'animal et l'homme, toute parité entre eux étant impossible. Aussi ne craignons-nous pas d'affirmer que les maîtres qui ont sculpté de telles œuvres n'ont pas cru faire des groupes.

§ VII. — Loi de proportion. — Nous avons dit qu'après la loi de parité, une loi de proportion s'impose au sculpteur s'il veut composer un groupe.

Il suffira de quelques exemples pour montrer l'évidence de ce principe.

Le *Bacchus couché* caressant un petit enfant, au Musée du Louvre; le *Centaure* portant un Génie sur sa croupe [1], le marbre colossal du *Nil* sur lequel seize figures d'enfants sont disposées avec art, dans une intention allégorique [2]; *Silène portant Bacchus* [3], sont des statues, non des groupes.

Il est vrai, une relation directe existe cette fois entre les figures que l'artiste a réunies, mais il n'y a pas équilibre entre elles; elles manquent de proportion. L'enfant que caresse Bacchus, le Génie qui lutine le Centaure, les figurines rapportées après coup sur l'image du Nil, le jeune dieu du vin

---

[1] Au Musée du Louvre.
[2] Au Musée du Louvre.
[3] A la Glyptothèque de Munich.

porté dans les bras de Silène ne sont guère que des accessoires qui ajoutent, sans doute, au mérite du sujet principal, mais sans modifier cependant son autonomie.

Nous en convenons, la loi de proportion ne saurait être d'une rigueur absolue. Tel artiste viendra prétendre qu'il est l'auteur d'un groupe alors qu'ayant traité le même sujet avec des éléments identiques tel autre estimera n'avoir fait qu'une statue.

La *Vénus Marine* et la *Vénus Victorieuse* du Musée du Louvre ont l'une et l'autre auprès d'elles la figure de l'Amour ; mais la déesse est debout, et l'Amour, qui se hausse en montant sur la tête d'un dauphin ou qui essaye le casque du dieu de la guerre, n'atteint pas, il s'en faut, aux proportions du corps de sa mère. Il reste donc un accessoire de la statue, quelque chose de plus qu'un attribut, et c'est tout.

Si nous observons maintenant la *Vénus accroupie* de la collection Origo[1] ou celle du Musée Borbonico, l'une et l'autre sont également accompagnées d'un Amour. Mais l'attitude ramassée de la déesse

[1] A Rome.

ajoute à l'importance de la figurine qui complète son symbolisme. C'est bien la même composition, c'est le même sujet, ce sont les mêmes personnages qui tout à l'heure sollicitaient notre étude; toutefois la pose est changée, et ce qui n'était au Louvre qu'une statue devient un groupe à Rome et à Naples.

Que ce soit la silhouette générale, la cadence des lignes qui commandent seules cette distinction, vous l'entendrez faire par la critique, tant il est vrai que l'œil a ses exigences et ses franchises quand il s'agit des arts du dessin.

§ VIII. — L'ARTISTE QUI SCULPTE UN GROUPE DOIT AVOIR POUR OBJET L'ÊTRE SOCIAL. — Mais nous n'avons étudié que la lettre du groupe : il nous faut en pénétrer l'esprit. C'est en praticien que nous venons de parler, élevons notre critique.

Il est une loi de raison sans laquelle l'œuvre d'art n'est qu'ébauchée. Vainement y a-t-il relation de nature et de forme, si les volontés, si les intelligences, si les âmes, en un mot, ne correspondent entre elles, le rapprochement des corps est sans valeur.

L'être isolé est celui qui pour exister dans son essence n'a pas besoin d'un autre être.

L'être groupé est celui qui pour être pleinement constitué a besoin d'un autre être ou le suppose.

C'est la partie supérieure et pensante, bien plus que la partie inférieure et purement sensible, que l'artiste doit considérer dans son sujet. C'est elle qu'il doit pétrir dès la première heure. Sa glaise exprimera tôt ou tard, dans une pondération calculée, la grâce des formes tangibles ; mais ce qu'il doit chercher avant tout dans l'argile, c'est une âme. Si de prime abord la dynamique des passions ne vous a séduit, vous n'êtes pas artiste, et le groupe que vous allez sculpter sera sans mérite. Eh quoi ! la chaleur agit sur le corps inerte, elle rend à l'état liquide l'or et le fer ; la lumière inonde par un acte soudain tous les mondes connus de l'homme, et votre intelligence, qui peut analyser la chaleur et la lumière, se replierait sur elle-même, en présence d'un peu de sable humide ! Des forces physiques, inconscientes, auraient le don de modifier la nature des corps, et vous, qui n'avez qu'à vouloir pour vêtir la matière d'un manteau d'âme, vous abdiqueriez votre droit !

Qui donc ici-bas partage avec l'homme le royal privilège de transmettre une âme ?

L'âme est au principe de tout acte.

Or, l'acte exprimé par le groupe devant être le produit d'un effort multiple, c'est une âme centuplée, disons mieux, c'est l'âme à l'état sociable que le statuaire doit regarder en face avant de façonner sa terre.

Il faut, pour ainsi parler, qu'une action spontanée se soit imprimée d'elle-même sur l'argile. La pose, le geste, l'expression des traits ne seront que la résultante d'une passion primordiale, d'une action unique, supérieure et maîtresse, dans les plis de laquelle l'œil de l'esprit saura discerner la raison d'être, l'essence même du groupe.

Or, pour peu que vous ayez placé l'unité de votre œuvre sous la sauvegarde de l'idée, l'œuvre sera bonne; et si pur que soit le marbre sur tous les points du groupe, s'il advenait qu'un jour quelque partie de l'œuvre fût distraite de l'ensemble, des générations successives salueraient dans la *Venus Victrix* un fragment.

Il y a plus de deux mille ans, Praxitèle ou Lysippe — il n'importe — sculptait en marbre pour les habitants de Mélos un groupe magistral. La mère des trois Grâces, Vénus, représentée dans sa force et dans sa beauté, tenait le premier rang dans l'œuvre du statuaire. L'image de la déesse était séductrice. Fière par l'attitude et le regard, elle charmait par la douceur des lèvres et la distinction de ses formes.

Au commencement de ce siècle, un paysan grec, nommé Georges, travaillant dans son jardin, mit à découvert, d'un coup de pioche, le marbre chassé du temple. La France obtint le chef-d'œuvre et l'abrita dans son Louvre. Depuis plus de soixante ans l'Europe entière s'est arrêtée devant la Vénus de Milo. Mutilée, l'impérieuse déesse est sans bras. Et tous les antiquaires de ce temps se sont appliqués à reconstituer le geste de Vénus, l'idée dont elle fut le symbole, la place qu'elle occupa dans le groupe primitif.

Car, si merveilleuse, si enviée que soit l'œuvre grecque, il n'est personne qui ne la juge un fragment de groupe.

Est-ce Mars, est-ce l'Amour qui figura jadis à la gauche de Vénus ? Nous n'avons pas à décider entre les partisans des deux ou trois groupes fameux auxquels on rattache involontairement la Vénus de Milo. Toutefois, cette persévérance dans l'étude, ces débats élevés à propos d'un marbre brisé, ne sont-ils pas l'indice de la puissante unité de l'œuvre antique ? L'artiste, quel que soit son nom, qui sculpta le groupe de Milo conçut l'idée de commandement. L'autorité qui impose fut la pensée mère de son poème, et l'épiderme du marbre fut si habilement creusé par lui dans un but de volonté, d'empire, que sans témoignage écrit, sans indication d'aucune sorte qui puissent nous guider, nous remontons les âges, avides de contempler un groupe dont les restes magnifiques épuisent notre enthousiasme.

Quel qu'ait été le groupe de Milo, il nous est permis de penser que ce dut être un groupe simple, c'est-à-dire ne comptant pas plus de deux personnages.

§ IX. — Du groupe composé. — Nous voudrions parler maintenant du groupe composé.

Quelles sont les lois des œuvres d'art de cet ordre ?

L'alternance et la progression.

§ X. — Loi d'alternance. — « Le Beau, a dit Edmond Burke, ne peut exister dans les choses qui présentent une longue uniformité, ni dans celles dont les changements s'opèrent par des coups brusques et tranchants [1]. »

La loi d'alternance ne peut donc être esquivée par l'artiste qui a pour mission d'exprimer le beau.

Si nous remontons au principe de cette loi, nous découvrons en effet qu'elle a pour but de rompre l'uniformité en ramenant aussitôt notre esprit vers l'objet qui tout à l'heure le retenait.

Choisissons un exemple. Le *Laocoon* présente une heureuse application de la loi d'alternance. Trois éphèbes en lutte avec des serpents, s'ils avaient la pose des personnages du *Laocoon*, constitueraient un groupe uniforme. Le père au milieu de ses enfants forme un groupe alterné.

Et certes, ni la loi de parité, ni celle de proportion n'ont été oubliées par l'auteur du *Laocoon*. Nous ne parlons pas de l'idée qui se dégage du marbre torturé : la douleur intense est écrite dans les plis de la pierre.

§ X. — LOI DE PROGRESSION. — Je trouve de plus dans ce groupe le respect de la progression.

[1] *Recherches philosophiques.*

Que réclame cette loi?

Elle veut qu'il y ait ordre, harmonie entre les éléments constitutifs du groupe, de même qu'elle exige dans la société qu'il y ait hiérarchie, sans quoi les membres d'une nation cessent d'être un peuple pour devenir une multitude.

L'harmonie suppose la subordination.

L'artiste ne pensera donc pas avoir fait un groupe si les personnages qu'il représente n'ont d'autres liens entre eux que la simple convenance ou l'indispensable utilité des services.

Le sculpteur doit viser plus haut. Il faut, pour que le voisinage des figures dans un même groupe n'ait rien de factice, qu'il existe entre elles une subordination logique, une dépendance raisonnée.

Tel personnage est-il le symbole de l'intelligence? Qu'il tienne le premier rang. Cet autre est-il une allégorie de la force? Donnez-lui la seconde place. Avez-vous emprunté quelque partie de votre œuvre au monde végétal? Les sirènes affolées, debout sur la côte de Campanie, suivent-elles d'un regard anxieux les vaisseaux grecs? La végétation de la rive, les rochers ne devront être que des accessoires, indiqués plutôt que vus.

C'est la loi de progression qui l'exige.

Sans doute le géant sera renversé, rivé au sol, et l'impitoyable vautour le dominera. Mais entendez le poète :

> Rostroque immanis vultur obunco
> Immortale jecur tondens, fecondaque pœnis
> Viscera, rimaturque epulis, habitatque sub alto
> Pectore ; nec fibris requies datur ulla renatis [1].

Immortale jecur ! Est-ce que la volonté plus forte que les tortures, est-ce que les soubresauts de la victime ne sont pas écrits dans ce mot ? Tout à l'heure, peut-être, vous vous sentiez prêt à proclamer la défaite du Titan. Ne vous hâtez pas. Le duel se poursuit, et ce n'est pas l'homme qui succombera. Le poëte vous l'apprend, l'homme porte au cœur une flamme immortelle, que les serres du vautour ne sauraient éteindre. Encore une heure, un jour, un siècle peut-être, mais l'homme se redressera. Voilà pourquoi vous devez pressentir ce réveil de l'homme dans la lutte où vous l'allez surprendre. Que son geste, son regard, les veines de son front, le gonflement de sa poitrine, la crispation de ses membres, que tout m'intéresse et me captive dans ce dieu tombé.

[1] VIRGILE, *Énéide*, liv. VI.

La force matérielle tient peu de place dans le temps. Elle se mesure avec l'obstacle, mais la lutte l'épuise.

La lumière vient de plus haut que la force. Elle baigne les mondes de ses ondes salutaires. Parfois la force s'attaque à la lumière. Elle intercepte sa clarté, mais le rayon brisé n'est pas détruit. Tôt ou tard les tronçons lumineux se rapprochent et se soudent pour éclairer encore.

§ XI. — Prédominance de la figure humaine dans les groupes antiques. — Prométhée, qui déroba le feu du ciel, est l'image de l'homme. C'est l'homme qui, étant le reflet de Dieu, illumine toute création.

Et cette prépondérance de l'homme que nous voulons retrouver dans le groupe, les Grecs l'ont toujours respectée. Le *Taureau Farnèse*, du Musée Borbonico, n'est-il pas dompté par Zéthus et Amphion ? Dircé, jetée à terre et attachée à l'animal furieux, deviendra sa victime, mais c'est avec intention que le statuaire a sculpté seulement le prologue du drame, afin que l'homme apparût encore victorieux.

CHAPITRE X
LE BUSTE

§ I. — De l'importance du buste en sculpture. — Coysevox, venant d'échapper à une grave maladie, s'empressa de porter à son médecin les honoraires qu'il lui devait, puis il ajouta : « Vous m'avez rendu la vie à votre manière, je veux vous immortaliser à la mienne, en faisant votre buste en marbre. »

Eh quoi ! un buste est-il donc chose si remarquable qu'il puisse conférer l'immortalité? Est-ce que le buste n'est pas simplement une statue diminuée, amoindrie, privée de geste et d'attitude ?

Ne le croyez pas.

Le buste est l'œuvre initiale en sculpture.

Nous avons dit dans notre précédent chapitre que l'individualité qui se réclame de l'artiste, lorsqu'il cherche un sujet, lui apparaît invariablement unie à d'autres êtres de même nature.

Elle se manifeste à l'état multiple. Elle est groupe.

Mais, que le statuaire mûrisse sa pensée. Qu'il étudie sous quel mode, par quels moyens il devra la traduire, aussitôt la figure historique qui l'occupe change de perspective. Elle a fait un pas, elle se rapproche, elle s'isole.

De groupe, elle devient statue.

Si maintenant le sculpteur prend une plume pour fixer sa vision, c'est la tête de son personnage qui l'arrête. Quelques lignes sommaires lui ont suffi à indiquer l'ensemble, la silhouette générale; mais déjà ce sont les traits du visage, dans ce qu'ils ont de supérieur, que la main de l'artiste s'applique à saisir.

De statue, son sujet devient buste.

§ II. — Une étude approfondie de la tête humaine est indispensable au sculpteur. — Le buste est à la base de toute œuvre sculptée.

Les plus grands maîtres ont excellé dans le buste.

Essayez donc de modeler un corps d'homme et de répandre la vie, le mouvement, l'éclat, les divins rayons du génie sur ce verbe d'argile qui est pensée, si la tête humaine vous est un obstacle !

Ce qui attire, ce qui séduit avant tout, c'est la tête.

Que me font la stature, la pose, le geste, le vêtement, si la tête, dans sa forme, son ampleur, son attitude et son expression ne domine pas tout l'homme ?

Où chercher le signe des passions, sinon sur les traits du visage ? Où le jeu de l'esprit, les battements du cœur seront-ils saisissables, si ce n'est sur le front, l'œil et les lèvres ?

Notre langue française est moins virile que celle de Tacite. Visage dérive de *videre*, voir. *Vultus*, qui est l'expression latine, est presque synonyme de volonté.

C'est qu'en effet le courage n'est pas plus lisible parfois dans un acte héroïque que dans un pli léger de la face.

§ III. — DES LOIS NÉCESSAIRES A LA COMPOSITION DU BUSTE. — Quelle sorte d'initiation peut rendre le statuaire apte à sculpter un buste ? Il va de soi que le buste étant l'œuvre essentielle dans l'art plastique, il importe que l'artiste soit armé avant de s'essayer à la tâche la plus haute et la plus rebelle.

Ce que nous avons dit en parlant de l'œuvre sculptée, du marbre, du procédé, de la statue, du groupe, peut ne pas être inutile à l'homme de glorieux labeur qui va modeler un buste.

Il y a plus, l'enseignement serait incomplet, la beauté de l'œuvre compromise, si l'artiste n'avait à cœur une extension nouvelle de ses facultés. Des aptitudes qu'il faut développer, affermir et discipliner se font jour dans l'intelligence du sculpteur.

Trois hommes doivent exister chez l'artiste qui s'apprête à modeler un buste :

Un philosophe, un savant, un critique.

Au critique, le goût.

Au savant, l'histoire.

Au philosophe, l'étude raisonnée de la face.

Le buste d'un personnage éminent que l'artiste n'aura pas sculpté à cette triple lumière d'une connaissance profonde du visage humain, d'une science exacte du milieu dans lequel a vécu son modèle, d'un goût délicat et sûr, sera fatalement une œuvre imparfaite et mutilée.

§ IV. — Mise aux points du modèle. — L'histoire générale d'un peuple ou d'une époque n'est pas d'une utilité moins immédiate pour le statuaire que la biographie de l'homme dont il souhaite de fixer l'image. Il convient, en effet, que toute figure apparaisse à la place qu'elle a tenue dans l'architecture historique.

Cette première opération de l'esprit peut s'appeler la mise aux points du modèle.

§ V. — Des bustes d'enfants. — Scrutez l'œuvre des maîtres. Interrogez-les. Ils vous diront que le buste colossal d'un enfant serait un contresens.

Pourquoi ?

Parce que l'enfant tient trop peu de place dans la vie où il est nouveau venu. Ce n'est pas un hôte. Nulle autorité ne s'attache à son nom, à ses paroles ou à ses pas. Il entre, mais il est encore près du seuil.

§ VI. — Des bustes de femmes. — Un semblable phénomène interdit au sculpteur de concevoir le buste d'une femme dans des proportions colossales. Cette fois, ce n'est plus l'âge, ce n'est pas non plus l'autorité qui fera nécessairement défaut au modèle. Les années ont ravagé ses tempes ; le caractère s'est révélé chez elle à la hauteur de l'infortune, des deuils, de la proscription, de la souffrance. Cependant l'image colossale serait sans relations avec une âme de cette trempe. C'est que la femme, dans l'humanité, quel que soit son rôle accidentel, ne peut abdiquer. Or, la souveraineté de la femme est dans l'amour, la vertu, l'oubli de soi, la grâce. De pareilles séductions se manifestent sans bruit. Ce sont des forces réservées dont la dynamique a son centre au plus intime de l'âme. De là vient que l'image de la femme, en sculpture, veut être apaisée, sans contrastes, à l'abri de ces expressions violentes de la pierre qui imposent par leurs dimensions.

§ VII. — Des bustes d'hommes. — Certains hommes sont restés des enfants ; d'autres n'ont eu qu'une influence modeste : leur activité s'est exercée dans le cercle restreint de la famille, des lettres, de l'art, de la science appliquée. D'autres sont descendus dans l'arène politique, mais ils n'y sont demeurés qu'un seul jour. On cite un acte de courage de celui-ci, un discours, une parole, un cri de celui-là.

Évidemment de tels hommes n'ont pas l'importance de Socrate ou de Napoléon.

Si donc vous vous sentiez porté à sculpter l'image colossale d'un personnage sans valeur historique, il faudrait vous défendre contre cette pensée.

Toute œuvre durable est contrôlée.

Et quel jugement portera l'avenir sur un marbre héroïque, si le bruit de l'histoire autour de votre modèle est à peine perceptible ? Vous ne serez plus là pour défendre votre œuvre. On prononcera le mot de partialité. L'image apparaîtra privée d'harmonie ; le personnage lui-même recevra quelque atteinte de l'exagération de votre hommage.

L'étude de l'histoire dans ses grandes lignes n'est donc pas un vain travail pour le statuaire.

§ VIII. — BIOGRAPHIE ET MÉMOIRES HISTORIQUES. — Mais les annales d'un peuple se complètent par les Mémoires intimes. Nous agissons dans la vie privée avant d'entrer dans la vie publique. Et, notre tâche accomplie, c'est le foyer qui nous reprend. Là encore il y a matière à de patientes recherches, à des découvertes inattendues de la part de l'artiste penseur.

Aussi bien, les actes ignorés de la foule s'entrelacent aux grands faits dans le tissu de l'histoire dont nous parlions tout à l'heure. Les mémoires secrets sur un homme demeuré digne dans sa vie ont un attrait sérieux pour l'écrivain : ils peuvent être d'un puissant secours pour l'artiste. On ne gravit pas sans peine les sommets. Il est juste que nous sachions gré à ces témoins de l'existence d'un grand homme qui nous permettent d'approcher jusqu'à lui. L'intimité d'une âme courageuse, supérieure par la pensée, maîtresse d'elle-même, quoi de plus suave et de plus auguste ?

Tout autre serait notre opinion s'il s'agissait de ces mémoires suspects, dépourvus de sanction, rédigés dans un but inavouable.

La vérité n'est pas là.

Le statuaire à besoin de hautes pensées, de lumière, de poésie. La fange est sans clartés. Au loin le livre deshonnête !

IX. — Des bustes de littérateurs, de poètes, de savants et d'artistes. — Est-ce tout? L'écriture à l'état d'histoire, puis à l'état de biographie ou de mémoires intimes, a-t-elle initié l'artiste dans la mesure nécessaire?

Non.

Le sculpteur doit feuilleter encore l'écriture à l'état de poème ou de critique.

De poème, si son modèle a tenu la plume. De critique, si l'homme qu'il doit représenter s'est illustré dans un art étranger aux lettres ou à la politique.

Où l'artiste est aisément maître de son sujet, c'est lorsqu'il le surprend dans son œuvre.

Comment se méprendre sur Chateaubriand, Lamartine, Musset, Arago, pour peu qu'on ait lu leurs ouvrages? Aucun pli de l'âme ne résiste à cet examen. Vous scrutez la pensée dans sa force, dans sa douceur, dans son repos, dans ses réticences. Oh! l'imprévoyant qui tenterait de dire avec le ciseau, sans l'avoir lu, ce que fut le poète de *Jocelyn!* Et quel aspect rayonnant revêt aussitôt cet homme merveilleux, si vous l'accompagnez dans ses courses à tous les rivages, aux âpres glaciers, aux écueils sans nombre de la politique! Qui a lu les œuvres de Lamartine peut dresser sa statue. Elle aura je ne sais quoi d'ondoyant et de léger ; mais la grandeur, la loyauté, le génie seront gravés sur quelques points du marbre.

Votre modèle s'appelle-t-il Michel-Ange ou Jenner? Aucun d'eux ne doit être étudié dans ses écrits. Mais les contemporains, les survivants de ces deux hommes ont jugé leurs œuvres. L'écriture à l'état de critique subsiste sur leur compte. Apprenez donc de la critique la fierté mâle du premier, la tendresse ingénieuse du second.

§ X. — Du buste iconique. — Telle est la part de l'érudition dans l'étude préliminaire du buste historique. Que s'il s'agit d'un portrait, si l'homme représenté n'a pas pris place au soleil d'une nation, l'artiste n'a point à se préoccuper de toutes ces choses. Qu'il dise vrai au point de vue des traits, qu'il en pénètre le sens, naturellement voilé chez un homme de second ordre, et son œuvre sera bonne.

L'âme de son modèle a vécu repliée.

Ce n'est pas au dehors, dans l'histoire, dans la biographie, dans le poème ou la critique qu'il faut en chercher le signe. Cet homme n'ayant rien dit, c'est son silence qu'il faut rendre. La tâche ne laisse pas que d'être encore magnifique.

Elle a ses difficultés.

Ici l'érudit cède la place au philosophe.

§ XI.—ANATOMIE ET PHYSIOLOGIE.—« L'homme est un modèle exposé à la vue des différents artistes ; chacun en considère quelques faces, aucun n'en fait le tour. » C'est un mot d'Helvétius.

Nous ne contestons pas que chaque art ait un objet spécial dans l'étude de l'homme. Au peintre, la couleur ; au statuaire, la forme, et dans la forme générale cette partie souveraine, le visage.

L'anatomie physique doit être familière au sculpteur ; mais, plus encore que celle-ci, l'anatomie physiologique lui est indispensable.

§ XII. — CARACTÈRE PHILOSOPHIQUE DU PROFIL GREC. — On ne peut traiter de la tête humaine au point de vue de l'art plastique sans parler tout d'abord du profil grec.

Winckelmann écrit à ce propos :

« Dans les profils des dieux et des déesses, le front et le nez décrivent une ligne presque droite. Les têtes de femmes célèbres que les monnaies grecques nous ont conservées se ressemblent toutes par là ; et il n'est guère probable que dans ces sortes de représentations, on se soit permis de suivre l'idéal. On pourrait donc supposer que cette conformation était tout aussi particulière aux anciens Grecs que les nez camus le sont aux Kalmoucks, et les petits yeux aux Chinois. »

Nous ne partageons pas l'opinion de Winckelmann. Les Grecs furent un peuple d'artistes. Si pur qu'ait été le profil des habitants de l'Ionie, nous ne croyons pas que la nature ait offert de nombreux exemples d'un front se poursuivant en ligne droite jusqu'aux ailes du nez. C'est bien plutôt l'idéal, la recherche du beau qui a dû guider les sculpteurs dans le choix de cette conformation. Elle a son caractère. Elle découle d'une pensée juste.

Le front est la partie du visage la plus noble et la plus développée dans sa brillante unité.

Le front resplendit.

La pensée, les pulsations du cœur se lisent sur le front. La bouche, dont nous aurons à parler tout à l'heure, est un organe moins désintéressé, moins digne dans ses fonctions multiples. Car, encore que la bouche formule la pensée, elle sert aussi à l'entretien de la vie physique. De là son infériorité. Elle est, dans une certaine mesure, en antagonisme avec le front.

Qui des deux triomphera?

Le front, si l'on adopte le profil grec.

En effet, Winckelmann a bien dit : « Dans ce genre de profils, le front et le nez décrivent une ligne presque droite. » Le profil grec, c'est le front continué.

Y a-t-il donc avantage pour la tête humaine à cette extension de la partie supérieure? Au point de vue physiologique, cela ne fait pas doute. Il est évident que le signe de la pensée ne sera jamais trop éclatant sur un visage d'homme. Or, nous avons dit que le front est le siège visible de l'esprit à la surface du corps.

Mais le Créateur a disposé toutes choses avec ordre. Si donc l'une des parties est exagérée par l'artiste, ce ne peut être qu'au détriment de l'organe le plus proche dont le caractère sera déprimé, la valeur amoindrie, la forme elle-même modifiée.

Tel est, il est vrai, le spectacle que nous réserve l'art plastique dans son interprétation voulue de la tête humaine. Cependant, le profil grec n'a pas été condamné. Notre goût se déclare satisfait par ce mensonge esthétique. L'aspect de la face ainsi corrigée nous séduit. Cherchons la cause de ce phénomène.

Cette cause est double. Tout d'abord la ligne ininterrompue du front et du nez donne au profil cette beauté calme qui sied aux êtres privilégiés.

N'oublions pas que nous parlons sculpture, et c'est émettre un principe élémentaire que de rappeler la valeur des lignes dans l'œuvre plastique.

Chacun sait qu'une silhouette délicate, simple, soutenue, est la marque d'un talent élevé chez l'artiste. L'image tangible reçoit de ces fins contours sa parure décisive et souveraine.

En second lieu, le profil grec a ceci de spécial qu'il permet au front de prévaloir sans nuire à aucun organe. Il ne porte atteinte ni à la paupière, ni aux lèvres. A la vérité il marque un rapprochement, une alliance étroite entre le front et le nez; mais celui-ci, organe purement physique, gagne à cette fusion qui le rattache au siège de l'idée, à la partie intellectuelle du visage. Il est vraiment ennobli par la fiction du profil grec. N'est-ce pas ce que constate Hegel quand il dit que le nez apparaît dans le profil grec précisément plus approprié au front, et qu'il obtient de la sorte une expression et un caractère spirituels [1]?

---

[1] *Esthétique.* trad. franc. par Ch. Besnard, Paris, Germer Baillière, 2 vol. in-8, t. I. p. 123.

C'est un point résolu ; la tête humaine, telle que l'ont comprise Phidias et Praxitèle, se rapproche de l'idéal.

§ XIII. — LE FRONT, SES CONTOURS ET SES RIDES. — Parlerons-nous maintenant du symbolisme du front, observé comme partie distincte du visage ?

Sa forme doit porter l'indice des facultés de l'esprit. Sur son enveloppe mobile sont gravées les passions. Et qu'est-ce que la passion, sinon le mouvement visible de l'intelligence ou du cœur ? Le front permet donc de dire ce que vaut un homme par ses aptitudes.

Un front peut être perpendiculaire, arrondi, fuyant ou avancé. La nature est prodigue dans l'infinie variété de ses modelés. Toutefois, l'artiste peut surprendre la nature dans son œuvre et lui ravir ses secrets.

Un front qu'elle se plaît à façonner quand elle veut imprimer la marque de ses préférences, offre ordinairement deux arcs dans son profil, et l'arc inférieur prédomine.

Ainsi des bustes de Démosthènes et d'Agrippa, au Musée du Louvre.

Une certaine cavité, presque insensible, existe au point de rencontre de ces deux arcs. Elle est à la fois verticale et horizontale. Mais d'autres sillons perpendiculaires, fortement accentués, divisent l'os frontal au niveau des sourcils chez l'homme d'une volonté supérieure. Le front du penseur repose sur deux voûtes saillantes formées par l'os de l'œil. Le signe de la pénétration est écrit sur les marges du front légèrement arrondies vers les tempes. C'est à la base du front qu'est la ligne fondamentale dans laquelle se résume la capacité du modèle.

Après la boîte osseuse, les rides. Elles affectent une double direction. Perpendiculaires, elles parlent d'application, de douleur, de recherche, d'énergie. Horizontales, elles disent l'absence de volonté ou la paresse.

Ouvrez l'histoire ; contemplez les marbres antiques. Les rides de Galba [1] ne trahissent-elles pas l'homme hésitant et vulgaire? Quelle vigueur et quelle fermeté dans les rides d'Hercule [2] ! L'os frontal de Démosthènes [3], les tempes de Démétrius

---

[1] Musée du Louvre.
[2] Musée du Louvre.
[3] Musée du Louvre.

Poliorcète [1], l'os de l'œil chez Euripide [2], l'incision vigoureuse qui sépare les sourcils d'Homère [3], sont autant de preuves modelées de la vérité de nos paroles.

Qu'on ne vienne donc pas alléguer qu'un buste est la reproduction plastique d'une tête humaine dont le sens physiologique a pu échapper complètement à l'artiste.

Limité dans nos discours, nous esquissons sommairement les points de repère, les divisions nécessaires et invariables d'une esthétique raisonnée. Mais le sculpteur qui aura parcouru ces pages ne sera pas dispensé de rechercher avec soin, sur le front du modèle, la disposition des lignes qui se confondent, le rapport des courbes et des droites, l'harmonie des plans. Toutes ces choses ne s'écrivent pas, seul un œil exercé les discerne dans l'œuvre de la nature.

§ XIV. — L'ŒIL, LES SOURCILS, LES PAUPIÈRES, LA PRUNELLE. — Et l'œil, que nous venons de nommer, comment l'analyser ?

---

[1] Musée du Louvre.
[2] Musée du Louvre.
[3] Musée du Louvre.

Organe double, il est, comme le front, à la fois solide et mobile, mais sa mobilité reste indépendante de sa forme. Le globe de l'œil, à quelque âge qu'on l'observe, est sans rides et sans dépressions. Un seul point intéresse donc le sculpteur dans l'interprétation de l'œil : la structure de l'organe.

Transparent et profond, l'œil est en perpétuelles relations avec l'âme.

Il est le sens de l'esprit.

Au statuaire de faire preuve de génie. Il importe qu'un organe subtil entre tous, auquel la couleur donne tant de puissance ou de charme, prenne vie dans une pierre immobile et monochrome.

Car l'œil de votre statue, de votre buste, doit penser librement si vous ne voulez pas que les traits soient paralysés, refroidis par le voisinage d'un organe éteint.

Certes, si votre marbre palpite, s'il vit, s'il commande, s'il implore, je vous proclamerai sans peine un habile homme, car vous ne pouviez user dans le travail de l'œil que d'une forme sans étendue. Vous n'aviez à vous que le squelette. Le contour seul vous appartient, et c'est ce contour que votre ébauchoir a su faire intelligent, passionné.

Il est vrai, vous aviez étudié la valeur des lignes

de cette partie du visage. Vous n'avez pas omis de vous souvenir que le rebord de la paupière supérieure, s'il décrit un plein cintre, est un indice de délicatesse et d'élévation. L'œil de Julia Mammea [1] en porte témoignage. Le symbolisme de deux paupières fortement échancrées vous était connu. Vous aviez appris, en face de Marc-Aurèle [2], à reconnaître dans ce signe la marque d'un esprit vigoureux et châtié.

Les sourcils abondants et soyeux disent aussi la noblesse et la vivacité de la pensée. Un esprit judicieux se décèle dans l'angle de l'œil vers le nez, si cet angle est aigu. La pose des paupières, la direction de la prunelle, permettent également de varier la valeur de l'œil. Les Grecs ont posé les règles. Winckelmann a commenté leurs œuvres, et notre lecteur sait aussi bien que nous, pour l'avoir appris de Winckelmann, que l'œil de Jupiter et de Junon se distingue au premier aspect de l'œil de Pallas et de Vénus.

§ XV. — LE NEZ, MOBILITÉ DES NARINES. — Le nez, depuis sa racine jusqu'aux ailes, relève

---

[1] Musée du Louvre.
[2] Musée du Louvre.

d'une esthétique positive, familière à l'artiste philosophe.

Lavater l'a bien défini « la retombée du front ».
Il est égal au front en longueur.

Son épine présente une légère cavité près de la racine, un renflement peu sensible dans sa partie médiane.

Une voûte flexible et soutenue descend jusqu'aux narines, que la passion dilate, resserre, élève ou abaisse, avec des nuances presque sans nombre.

§ XVI. — L'OREILLE. — La face n'est pas tout. Le profil a son importance. Observez une tête de profil : l'oreille dominera.

La simplicité, la finesse, les hautes conceptions, la ténacité, la mélancolie ou l'amour, se laissent lire dans les linéaments de cet organe. La saillie de l'oreille, ses attaches, sa forme varient avec l'âge ou les facultés du modèle.

§ XVII. — LA BOUCHE. CARACTÈRE DES LÈVRES. — C'est à l'œil que nous avons accordé la prééminence dans la tête. Le Brun voulait qu'elle appartînt aux lèvres.

« La bouche, écrit-il, est la partie qui, de tout le

visage, marque le plus éloquemment les mouvements du cœur. »

Nous estimons que la bouche est, par sa structure, le critérium involontaire de l'âme, tandis que l'œil exprime, avec l'assentiment de l'esprit, l'agitation intérieure.

L'œil est en action, les lèvres sont passives.

L'homme veille sur son regard ; il ne prend pas garde à sa bouche.

C'est donc par l'exemple des lèvres, par l'étude de la ligne serpentée que produit leur jonction, qu'un artiste peut découvrir le caractère du modèle. Réciproquement, s'il est chargé de sculpter un buste, il veillera sur le contour des lèvres.

Sont-elles fortes ? elles indiquent la franchise ; épaisses, elles disent la sensualité ; serrées, le sang-froid et l'adresse ; fermées sans contention, le courage, le jugement, la volonté.

§ XVIII. — LE MENTON. — Le menton peut être rond, anguleux ou délié. Dans le premier cas, il est un indice de bienveillance ; dans le second, il est le gage ordinaire d'un sens juste et ferme. Délié, il témoigne de la promptitude de l'esprit ; quelquefois de la ruse.

Le menton de la femme se retire et laisse dominer les lèvres. Si la nature y a creusé le pli d'une fossette, croyez le plus souvent à la droiture du cœur.

§ XIX. — Les joues. — Mais les parties du visage sont disposées sur un fond. Le fond de la face humaine, ce sont les joues. Elles offrent au sculpteur maintes ressources. Leur développement lui permet de se mouvoir à l'aise dans l'expression des sentiments qu'il va traduire. Leur flexibilité l'autorise à creuser les rides de la douleur, à esquisser le rire, à dessiner d'un doigt délicat les lignes ondulées et sans profondeur qui indiquent le tact, l'originalité et la pensée.

§ XX. — Le cou. — La tête pose sur une colonne naturelle : le cou. Cette partie du corps est d'une éloquence réelle en sculpture. Symbole de force ou de faiblesse, d'innocence ou de volupté, le cou veut être étudié dans sa forme, dans sa surface, dans ses proportions, dans son attitude familière.

§ XXI. — Les cheveux. — Nous n'avons

rien dit de la chevelure. Des cheveux lisses ou frisés, longs ou courts, ajoutent à l'image modelée une empreinte, une signification dernière d'autant plus décisive qu'elle frappe davantage. David d'Angers peut être pris pour exemple lorsqu'il s'agit de l'arrangement des cheveux. Sept cents médailles sont sorties de ses mains. Sur toutes, l'artiste à su varier la coiffure. Et le seul aspect des cheveux, traités par ce grand artiste, permet de reconnaître les qualités maîtresses de ses personnages, même sous les exagérations inconscientes ou voulues de son ciseau.

§ XXII. — DU GOUT. — Quel profit retireront les statuaires de ce trop rapide enseignement ?

Le buste, pour être étudié dans sa richesse et son extraordinaire variété, réclamerait un volume.

Bien plus, il est tel axiome formulé par nous, que plusieurs refuseront d'admettre. N'avons-nous pas dit que le front correspond au tiers de la face, que le nez égale le front en longueur, d'où il résulte que la distance des narines à l'extrémité du menton doit être égale, dans une tête bien conformée, à la longueur du nez ou du front ?

Les sceptiques vont sourire.

— Et le modèle, s'écrieront-ils, qu'en faites-vous? Si le modèle a le front trapu, s'il a le nez démesuré, les lèvres et le menton ramassés, à quoi peuvent servir ces principes, ces règles de convention ?

— Ils servent, ne vous en déplaise, à ressaisir la beauté plastique, à interpréter la nature et à fixer le caractère ; à épurer la forme d'après les lois posées par le génie, à ennoblir le visage humain en modifiant les proportions individuelles et sans grâce avec liberté, de telle sorte que l'on remonte de la personne au type, du portrait iconique à l'image idéalisée.

D'où la nécessité pour l'artiste de posséder une faculté dernière qui est le goût.

§ XXIII. — DÉFINITION DU GOUT. — SON DÉVELOPPEMENT. — Au savant qui s'est rendu maître d'une époque, au philosophe capable de pénétrer le sens de la forme, doit succéder le critique, c'est-à-dire l'homme de la mesure, de l'harmonie, de l'exquise convenance, l'homme des choix heureux.

« Le goût, a dit un penseur, est le bon sens du génie. Ce toucher sûr, par qui la lyre ne rend que le son qu'elle doit rendre, est encore plus rare que la faculté qui crée [1]. »

Telle est l'aptitude supérieure que doit conquérir le statuaire s'il veut imprégner ses œuvres de majesté, de grâce, de tendresse, de suprême séduction.

Choisir ! quelle joie pour l'esprit ; quel élan virginal et spontané cet acte suppose de la part d'un maître ! Combien ce qu'il aura préféré sera grand, juste, élevé, radieux !

Toutefois, ne l'oubliez pas, la faculté de choisir, ce tact de l'intelligence que nous appelons le goût, a besoin d'être tenu sans cesse en éveil.

Le goût dans ses manifestations extérieures est en rapport direct avec les joies intimes. Si donc vous ambitionnez de vêtir votre marbre de clartés, de pudeur, de génie, d'héroïsme, songez d'abord à maintenir votre esprit dans cette atmosphère.

Que chaque pulsation de votre intelligence ou de votre cœur ait pour terme un amour idéal.

Aimez toute noblesse et toute poésie.

Amassez à toute heure une parole éloquente, un

---

[1] CHATEAUBRIAND, *Essai sur la littérature anglaise.* OEuvres complètes, Paris, Garnier frères, 12 vol. in-8, tome IX, p. 600 et 601

vers cornélien, l'acte de probité, le site charmant ou grandiose, un profil, un regard, une ligne de beauté. Vivez de toutes ces choses par la pensée, et ce seront pour vous des trésors accumulés.

Ainsi ont agi les maîtres, et l'on cite sur le compte de plusieurs des traits singuliers dont on blâmerait l'audace s'il ne fallait y lire l'impérieuse sollicitation du goût.

Jean de Douai s'occupait de sa composition, l'*Enlèvement des Sabines*. « Un jour il remarqua dans une église un particulier, appelé le grand Italien à cause de sa taille, haute de quatre brasses. Lionardo (c'était le nom de cet homme), s'apercevant que l'artiste le regardait attentivement, lui demanda s'il pouvait lui être bon à quelque chose. — « Oui, seigneur, répondit Jean de Douai ; je suis
« sculpteur du grand-duc et chargé d'un groupe
« composé de très grandes figures ; je souhaiterais
« que vous me permissiez de faire quelques études
« d'après les proportions de votre corps : leurs
« beautés m'ont frappé. » Il obtint sans peine cette permission, et d'après Lionardo a été sculptée la figure du Romain qui enlève la jeune Sabine, et dont l'attitude et les proportions sont si belles [1]. »

[1] *Vie des fameux sculpteurs depuis la renaissance des arts*,

Blâmerez-vous cette apostrophe d'un grand artiste adressée à un inconnu ?

Elle est, nous en convenons, peu conforme aux usages. Mais, croyez-le bien, Jean de Douai n'en était plus à son premier essai. Maintes fois il avait tenu le même langage aux marbres antiques, aux fresques de Raphaël, au *Moïse* de Michel-Ange, aux héros d'Homère, aux grands hommes de Tacite, aux damnés de Dante.

Les statuaires de ce temps craindraient-ils d'imiter leur aïeul Jean de Douai ?

par M. Dezallier d'Argenville, Paris, 1787. 2 vol. in-8, tome II, p. 125 et 126

CHAPITRE XI

LE BAS-RELIEF

§ I. — Le bas-relief est une œuvre de fiction. — Je ne sais rien de plus étrange en sculpture que le bas-relief.

Il ne fait pas appel, comme la ronde bosse, à la beauté totale de la forme. Un contour lui suffit. Mais, pour être plus voisin de la peinture que ne l'est la statue, le bas-relief reste monochrome. Curieuse page, n'est-il pas vrai? que celle d'où la couleur et la saillie seront à peu près absentes !

Genre mixte, œuvre toute de fiction, ainsi peut être défini le bas-relief.

§ II. — Triple alliance du bas-relief. — A l'art plastique, il emprunte la matière et le procédé ; à l'art pittoresque, le mode ; à l'art architectural, le caractère et l'emplacement.

Vous souvient-il de ces strophes à un voyageur,

les plus achevées peut-être des *Feuilles d'automne?...*

> Et vos pieds ont mêlé la poudre de trois mondes
> Aux cendres de mon feu.

Trois mondes doivent être abordés aussi par l'artiste qui médite de sculpter un bas-relief. Une triple initiation lui devient nécessaire. En revanche, son œuvre s'illuminera du rayon distinctif de la statuaire, de la peinture et de l'architecture.

Le bas-relief est le trait d'union des arts du dessin. C'est le tableau fait marbre.

L'ébauchoir et le ciseau tiennent lieu de brosse aux mains du maître d'œuvre : mais ne dirait-on pas qu'il prépare un tableau ? Regardez. Il fait mouvoir des groupes. On discerne des foules dans son esquisse ; les armées s'entre-choquent sous son outil. Encore une fois ces merveilles échappent d'ordinaire au sculpteur. C'est au peintre qu'il appartient de dire le cliquetis des batailles, le bruit sourd du Forum, la majesté grandiose d'un cortège, le tumulte d'une assemblée.

Le statuaire qui sculpte un bas-relief use donc en apparence des mêmes franchises que le peintre.

La science des masses, leur équilibre, leur gradation, doivent être pour lui des notions familières.

Il y a plus. Un buste se déplace ; une toile de chevalet peut-être transportée d'un point à un autre. Il n'en est pas de même du bas-relief.

Cette page sévère que le sculpteur écrit sur le granit a sa place [désignée. Elle est inséparable d'un monument.

Est-ce un signe de dépendance ou de supériorité ?

Il y a profit, n'en doutez pas, pour l'œuvre modelée dans l'alliance dont je parle.

Le bas-relief sur les parois de l'édifice n'est-il pas toujours à une place d'honneur ? La frise du temple d'Apollon à Delphes, le fronton du temple de Minerve à Athènes, les tympans de l'arc de Constantin à Rome furent des bas-reliefs superbes.

C'est donc en pleine lumière que se pose pour les siècles l'œuvre sculptée. Elle est l'ornement. On dirait volontiers que seule elle doit être vue. Tout concourt à son éclat. Les murs font silence autour d'elle. Monochrome, elle saillit sur une paroi sans couleur, impuissante à troubler le regard.

La hardiesse de la voûte, l'élégance des contreforts, la symétrie des voussures, tous ces témoins de l'étude, de la science, de l'originalité, du goût de l'architecte, demeurent souvent éclipsés par le bas-relief du sculpteur qui décore l'entablement. Que dis-je ? l'architecture parfois disparaît, et les scènes militaires de la colonne Trajane enveloppent de leurs spirales modelées le fût tout entier de l'édifice.

§ III. — Infériorité du bas-relief vis-à-vis de la statue. — Si la statue n'était pas l'œuvre maîtresse dont se sert le sculpteur pour reproduire la forme dans son intégrité séductrice, il faudrait proclamer la prééminence du bas-relief. Mais n'oublions pas ce qu'il y a de fiction dans sa beauté. Mensonge ingénieux dont notre œil est le complice, il n'a rien de réel. Ce n'est pas lui qui parle, c'est notre esprit. Il est le verbe à peine balbutié dans l'argile, dont l'harmonie confuse ne peut être saisie que par notre pensée. Alors que les proportions tangibles de la statue s'imposent au regard et rappellent la nature, le bas-relief n'a qu'une apparence de proportions. L'image conventionnelle, mutilée, qui se meut dans son cadre est presque impalpable. Elle n'est guère moins distante de la ronde bosse que le rêve ne l'est de la réalité.

§ IV. — LE BAS-RELIEF A UN CARACTÈRE DRAMATIQUE.

— Quelles sont les lois qui régissent le bas-relief ?

Les philosophes nous apprennent que l'homme est force et action. Pour le sculpteur, l'homme est forme et mouvement.

Nous avons dit, en traitant de la statue, combien le mouvement dans l'œuvre plastique exige de retenue. Ce n'est pas assez. Rompre le mouvement sans le détruire est la loi première du sculpteur lorsqu'il prépare une figure de ronde bosse. Les plus beaux restes de l'art grec nous l'enseignent : l'élan d'une statue doit être incertain et comme suspendu. C'est l'intermittence dans la fougue, la respiration dans la colère, que peut exprimer la ronde bosse. Sans entraves pour traiter la forme, sa puissance, au point de vue du mouvement est limitée.

Plus libre est le bas-relief sous le rapport de l'action. Ce qu'il perd du côté de la forme, il le reconquiert d'autre part. Plus de barrières, plus de réticences. La marche, la colère ou l'amour peuvent être rendus avec l'intensité du geste et de l'attitude que donne la nature exaltée. Je demeure rassuré sur l'équilibre ou la solidité de l'image. A peine dégagée de sa gangue de pierre ; aperçue, plutôt que vue, elle reste attachée à la muraille dont elle est la parure. Qu'elle s'agite et que ses mouvements se multiplient, que la personne cède la place au nombre, que le soldat se transforme en légion, que le passant devienne peuple, ce qu serait monstrueux en ronde bosse est autorisé dans un bas-relief.

Le mouvement est action.

Un effort d'intelligence ou de volonté est à l'origine de tout acte humain. Vous n'espérez pas qu'un artiste digne de ce nom imprime à la glaise une attitude indéterminée, banale, et s'il était possible, purement mécanique.

Au contraire, il voudra que la personne qui se meut sache où elle tend. Une action morale susceptible de captiver l'esprit sera l'aimant de sa propre pensée.

Mais ne voit-on pas dans l'objet ordinaire du bas-relief, qui a pour terme le fait, une infériorité vis-à-vis de la statue ? Celle-ci en effet est l'image de la personne humaine, et cela lui suffit. Elle est reine par son génie à traduire la forme, et peu nous importe d'apprendre un jour que telle figure d'éphèbe ou de Vénus a fait partie d'un groupe où l'artiste lui avait marqué son rôle agissant; telle que nous l'a rendue le sol de quelque rivage, isolée, demi-brisée, elle nous plaît encore par la souveraine beauté de sa forme.

La statue est l'épopée de l'art plastique.

Le bas-relief en est le drame.

Après tout, *Œdipe* est-il moins entraînant que l'*Iliade?* Sophocle n'a-t-il pas sa place auprès d'Homère ?

C'est un drame que l'artiste va modeler. Drame illustre, sans aucun doute, car l'éternité du marbre le veut ainsi. Drame terrible ou suave avec son dialogue, son intrigue, son dénoûment, ses antithèses et ses répétitions, toutes ces forces réunies et disposées sur une même page; car, ne l'oublions pas, le drame plastique n'a qu'une scène.

§ V.— L'UNITÉ DE SCÈNE, DE GROUPEMENT ET DE PLAN EST LA RÈGLE DU BAS-RELIEF. — Le sculpteur doit résumer l'action en l'élevant. Il n'est pas maître de retracer les incidents successifs d'un grand événement. Il évoque l'histoire d'un héros, les annales d'une nation, et tout à coup on l'entend qui se dit à lui-même : C'est cela ! Je grouperai les poètes et les philosophes, les magistrats et les savants, les artistes et les hommes de bataille ; tous se dirigeront dans un élan magnifique vers la Patrie reconnaissante ; la Liberté aura tressé de ses mains les couronnes immortelles, et les siècles salueront un peuple devant cette page magistrale, œuvre du sculpteur.

David d'Angers a eu raison d'écrire : « La sculpture est la tragédie des arts. »

Toutefois, c'est une tragédie faite de synthèse.

Le bas-relief, plus qu'aucun autre genre en sculpture, exige chez l'artiste une étude philosophique du sujet.

Encore qu'il lui soit permis de parler sa pensée à l'aide de figures nombreuses, il doit songer au caractère monumental de son œuvre. L'unité saisissante, grande et simple, est exigée de lui.

C'est en vain que le sculpteur tenterait de se comparer au peintre d'histoire. Quelques affinités les rapprochent; rien ne les fait égaux. A l'un, la perspective aux lointains sans limites, le jeu durable et factice des ombres, la magie de la couleur. A l'autre, quelques plans en surface, des ombres capricieuses et changeantes, et pour coloris, la teinte uniforme de la pierre.

Non, l'œuvre modelée ne relève pas de la même syntaxe que le tableau d'histoire.

Sans doute le statuaire en ronde bosse n'a qu'un seul mot pour exprimer sa pensée. Plus son œuvre est parfaite au point de vue plastique, plus aussi elle doit être simple sous le rapport de l'action. Il y a des marbres qui ont le caractère d'un monosyllabe.

Le sculpteur d'un bas-relief use d'une plus grande latitude. Où le statuaire ne disposait que d'un mot, il a le droit de modeler une scène. Mais là s'arrêtent ses immunités. Il n'est pas le poète qui déroule sa trame aux plis variés sous l'œil du spectateur. Il n'est pas le peintre dont la toile peut enfermer le désert, l'Océan, les grandes forêts, le ciel éclatant ou ténébreux.

Une scène, un groupe, un plan, telle est dans son expression rigoureuse la loi du bas-relief.

§ VI. — Du bas-relief pittoresque. — En réalité, c'est à peine si l'on peut dire que le sculpteur en bas-relief s'est rapproché du peintre, car il n'a pas franchi l'étroite limite en dehors de laquelle il n'eût plus été dans son art.

L'œuvre du peintre qui a le plus de ressemblance avec le bas-relief, ce n'est pas un tableau, c'est un carton.

Or, on le sait, le carton, dépouillé du prestige de la couleur, n'est que le canevas dessiné du tableau d'histoire.

Il n'est pas inutile, croyons-nous, de poser le principe.

La Renaissance a fait son œuvre. Époque merveilleuse où la peinture connut son apogée, le seizième siècle a eu ses sculpteurs pittoresques. Et parce que Michel-Ange, Ghiberti, Donatello, Germain Pilon, génies audacieux, ont improvisé des bas-reliefs colorés de lumière et d'ombre, aux plans multiples savamment dégradés, plus d'un statuaire s'est troublé devant leurs ouvrages.

Étudions les marbres du dix-huitième siècle, ou plutôt ouvrons le livre d'Étienne Falconet. Que dit cet artiste écrivain?

« Les sculpteurs anciens sont nos maîtres, sans doute, dans les parties de l'art où ils ont atteint la perfection : mais il faut convenir que dans la partie pittoresque des bas-reliefs nous devons peu d'égards à leur autorité... Serait-ce parce qu'ils ont laissé quelques parties à ajouter à ce genre d'ouvrage que nous nous refuserions à l'émulation de le perfectionner... Bernin, Le Gros, Algarde, Melchior Caffa, Angelo Rossi, nous ont montré qu'il appartient au goût et au génie d'étendre le cercle trop étroit que les anciens ont tracé dans leurs bas-reliefs. Ces grands artistes modernes se sont affranchis avec succès d'une autorité qui n'est recevable qu'autant qu'elle est raisonnable [1]. »

Les termes mêmes dont se sert Falconet et les exemples qu'il cite nous dispensent de le réfuter.

Ailleurs il dira :

« Si le bas-relief est de marbre, les rapports avec un tableau y seront d'autant plus sensibles que le sculpteur aura varié les travaux des différents objets. Le mat, le grenu, le poli, employés avec intelligence, ont une sorte de prétention à la couleur [2]. »

Nous ne pouvions trouver un auteur en opposi-

---

[1] *Réflexions sur la sculpture.* Œuvres complètes d'Etienne Falconet. Paris. 1808, 3 vol. in-8, tome III, p. 28-29.
[2] *Loco citato*, p. 37.

tion plus directe avec nos principes que ne l'est ici Falconet.

Quel est notre but? Défendre les traditions de l'art plastique.

Que poursuit Falconet? La subornination de cet art à la peinture.

A qui entendre ? Où est la doctrine ? Où les principes indiscutables et féconds ?

§ VII. — ÉCUEILS DU BAS-RELIEF. — Les principes doivent être cherchés dans le respect de l'art. Est-ce donc respecter l'art du sculpteur que d'en faire le copiste de l'art du peintre ? Qu'on n'allègue pas le bienfait illusoire d'une fusion dans laquelle l'honneur n'est pas égal. Il y aurait fatalement du côté de l'art plastique dépendance et infériorité. Les bas-reliefs de Desjardins vaudront-ils jamais un paysage de Ruysdaël ou de Léopold Robert ?

D'ailleurs, nous avons refermé trop vite le livre de Falconet. Il est intéressant de le suivre dans son raisonnement, car le point de départ étant faux, la conclusion devra l'être.

« Si l'on doutait, écrit-il, que les lois du bas-relief fussent les mêmes que celles de la peinture, qu'on choisisse un tableau du Poussin ou de Le Sueur, et qu'un habile sculpteur en fasse un modèle, on verra si l'on n'aura pas un beau bas-relief. Ces maîtres ont d'autant plus rapproché la sculpture de la peinture, qu'ils ont fait leurs sites toujours vrais, toujours raisonnés [1]. »

C'est le contraire qu'il eût fallu dire. Il est très exact que Le Sueur et Poussin, ce dernier surtout, peuvent servir de modèles au sculpteur. Pour ne citer qu'un maître de ce temps, David d'Angers nous apprend que dans sa mansarde du passage du Caire, en 1809, il modelait, la nuit, à la lueur d'une chandelle, les compositions de Poussin. Mais en racontant ce trait dans la vie du sculpteur [2], nous n'avons pas dit que le peintre des Andelys eût rapproché la sculpture de la peinture. Poussin maniait la brosse. Qu'il ait orienté son art vers la sculpture antique, que la simplicité merveilleuse des marbres d'Athènes l'ait séduit, qu'il se soit trempé aux grandes sources où les sculpteurs grecs ont eux-mêmes épuré leur génie,

---

[1] *Loco citato*, p. 37.
[2] Consulter notre ouvrage, *David d'Angers, sa vie, son œuvre, ses écrits et ses contemporains*, tome 1, p. 47.

soit ; mais alors c'est le peintre qui est devenu le satellite du sculpteur.

C'est sur l'œuvre modelée que s'est instruit Poussin.

Observez ses paysages ; ils sont presque toujours peuplés. La figure humaine, placée au premier plan, domine tout autre détail. L'arbre, le fleuve, les fabriques sont des accessoires sur ses toiles. Est-ce là une méthode familière au peintre ? Non, c'est l'art plastique qui le veut ainsi.

L'homme est tout aux yeux du sculpteur.

A l'homme une place d'honneur, partout et toujours, quelle que soit l'heure ou le site.

Poussin, le peintre philosophe, est donc un disciple de l'art plastique. Quoi de surprenant que ses pages déjà transposées, si l'on ose dire, de la glaise sur la toile, puissent être à nouveau reportées de la toile sur l'argile ?

Falconet n'a pas pris garde à la faiblesse de son raisonnement. De nos jours, il eût cité peut-être la frise de Flandrin. N'est-ce pas une peinture que tout sculpteur a le droit d'imiter ? Ne l'a-t-on pas saluée du titre de *Panathénées chrétiennes* ? Mais c'est qu'apparemment les peintures murales de

Saint-Vincent-de-Paul relèvent de la même loi que les bas-reliefs antiques.

Le peintre peut emprunter au sculpteur ; celui-ci ne peut rien devoir au peintre.

Les œuvres sculptées au dix-septième siècle sous l'influence de Le Brun sont nombreuses. La plupart sont décoratives ; beaucoup manquent de sévérité.

Inspirée par le génie pittoresque, quelque nom qu'il porte, la sculpture est promptement en tutelle. On ne met en tutelle que des mineurs ou des interdits.

Et Jean Goujon ? Les peintres y ont-ils pensé ?

La gloire de ce maître français est bien assise. Personne, que nous sachions, ne voudrait la mettre en doute. Eh ! bien, cette haute renommée, Jean Goujon ne la doit-il pas à sa fidélité aux principes grecs? Pas un sculpteur, dans notre pays, ne s'est montré plus vivant, plus vrai, plus individuel que Goujon, et il n'en est pas qui soit plus voisin de l'antiquité. Homme de son époque par le caractère de ses figures, il est du siècle de Périclès par l'entente des plans, le méplat et la tranquillité de son modelé.

Et quelles traces le grand artiste a-t-il ressaisies

dans le passé ? Celles des peintres ! Non : celles de Phidias.

§ VIII. — Des richesses du bas-relief. — L'erreur est pourtant explicable.

Le sculpteur qui médite d'exécuter un bas-relief est frappé tout d'abord par la diversité des sujets qu'il peut traiter. La religion, l'histoire, l'allégorie, ouvrent devant sa pensée leur triple domaine. La sculpture iconique, il est vrai, l'art du portrait, n'a pas son application fréquente dans le bas-relief. La tête humaine se traduit en sculpture par la ronde bosse ou la médaille ; or, bien que la médaille, comme le camée, soient au sens absolu du mot des bas-reliefs, ils ont leurs lois spéciales dont nous parlerons plus loin.

La médaille, le camée, l'intaille, sont des œuvres à part. Elles forment un groupe distinct, que nous ne devons pas confondre avec le bas-relief.

Nous l'avons dit, l'art plastique se divise en sculpture religieuse, historique, allégorique et iconique. Si l'artiste qui s'adonne au bas-relief est privé, dans la plupart des cas, de traiter le portrait, il se trouve donc, vis-à-vis du sculpteur en ronde bosse, dans une situation inférieure? Son clavier, semble-t-il, s'est appauvri d'une note?

Ne le croyez pas.

Le bas-relief comporte dans le domaine historique une subdivision dont la ronde bosse n'a pas le privilége. A la suite des scènes tranquilles et sévères, il y a place pour les scènes tumultueuses. Une bataille peut être rappelée dans un bas-relief; or, nous l'avons dit plus haut, la ronde bosse est inhabile à exprimer l'agitation.

Ce n'est pas tout.

Après les scènes tumultueuses qui relèvent de la vie publique, les scènes intimes empruntées à la vie privée. L'anecdote, qui est le commentaire des événements, des mœurs, du génie d'un artiste ou d'un homme de bien, n'est pas interdite au bas-relief. Et, on se le rappelle, la ronde bosse n'a pas de droits réels sur l'anecdote.

N'est-ce pas un statuaire de ce temps qui a dit : « La statue d'un grand homme, c'est le poème; les bas-reliefs anecdotiques du piédestal en sont l'appendice ou les notes explicatives. »

On le voit, la sphère du bas-relief, pour être différente de celle de la ronde bosse, n'est pas moins étendue.

La faculté pour le sculpteur de traduire certaines scènes qui tout d'abord semblaient n'appartenir qu'au peintre ; une similitude plus apparente que réelle dans l'aspect décoratif du bas-relief et de l'œuvre peinte, ont fait naître la confusion fâcheuse que nous déplorions tout à l'heure.

Si Falconet eût vécu de nos jours, il eût été curieux de l'entendre réfuter l'axiome indigné du statuaire : « Il en est de l'autorité de la peinture à l'endroit de l'art plastique comme de la direction morale d'une courtisane à l'égard d'une femme honnête et religieuse[1]. »

§ IX. — TECHNIQUE DU BAS-RELIEF. — Mais nous n'avons rien dit des règles techniques du bas-relief.

Elles peuvent être groupées sous trois chefs : le dessin, la composition, le style.

§ X. — LE DESSIN. — Vous souvient-il, lecteur, de ce duel fameux dont les historiens grecs ont parlé ? Deux cités, deux rivales, Sicyone et Corinthe, se sont pendant plusieurs siècles disputé

---

[1] *David d'Angers*, etc., tome II, p. 21.

l'honneur de la domination par l'art. Sicyone vantait à juste titre son école de peinture; Corinthe opposait ses statuaires et ses fondeurs. Et selon leur préférence pour l'une ou pour l'autre ville, les écrivains d'alors firent naître le potier Dibutade alternativement à Corinthe et à Sicyone.

Eh quoi ! un potier ? un artisan ? Que nous importe son origine ? Ah ! s'il s'agissait de Phidias ou de Praxitèle, ces hommes divins, notre curiosité serait autre. Mais un humble ouvrier dans l'art de terre, quelque ancêtre inconnu de notre Bernard Palissy, le potier saintais ; encore un coup, que nous veut cette mémoire ?

Dibutade est le père de la sculpture.

La fille de Dibutade s'était éprise d'un jeune homme. Menacée d'être séparée de son amant, un soir, à la clarté d'une lampe, elle fixa d'un doigt léger le fier profil de l'éphèbe, dont la tête faisait ombre sur la muraille. L'amant disparut. Le lendemain, la fille de Dibutade vint s'asseoir devant l'image qu'elle avait tracée. Muette, consternée, elle pleurait. Dibutade eut pitié de sa fille. Celui qu'elle aimait avait inspiré confiance à l'ouvrier. Lui-même se sentit ému de l'éloignement du jeune homme. Il prit un peu d'argile, et, l'ayant distribuée avec art à l'intérieur du contour dessiné par sa fille, la silhouette lumineuse de l'absent apparut à leurs yeux ravis. Depuis ce temps, Dibutade est appelé l'inventeur de la *coroplastie*, c'est-à-dire du portrait en bas-relief. Athénagoras affirme le fait, et Pline, descendant le cours des siècles, veut que le médaillon modelé par le potier ait existé à Corinthe douze cents ans plus tard, lorsque le consul Mummius, — un barbare, — brûla cette ville et dépouilla la Grèce de son nom en lui enlevant sa liberté.

Histoire ou légende, la leçon reste la même. La base de tout bas-relief, c'est le dessin. La saillie peut être, au gré de l'artiste, adoucie ou accentuée. A quelque parti qu'il s'arrête, elle est fictive.

Il n'en est pas de même du dessin.

Exact et sincère le dessin dans le bas-relief est la seule expression que le sculpteur n'ait pas le pouvoir d'interpréter. La ligne reste elle-même. Totale et vraie, elle est le signe de la science du maître d'œuvre, elle est le verbe de la nature.

— Je les entends, les jeunes présomptueux. Ils se racontent à demi-voix qu'il y a des transfuges du dessin ; que la perspective a ses licences dont les peintres sauraient dire les ressources. Quel est le peintre illustre dont on ne cite les audaces ? Ici, c'est Raphaël qui exagère le torse d'un personnage, au premier plan de sa *Transfiguration;* là, c'est Michel-Ange, c'est Léonard de Vinci, c'est Titien, c'est Rubens. Et, rassurés par ces fautes de génie, des sculpteurs de trente ans s'imaginent que le bas-relief comporte de pareilles erreurs!

Ils rêvent de sculpter les parois d'une basilique. Les murs d'un palais tentent leur ciseau. Le fronton du temple revêt à leurs yeux des proportions sans limites. Dans leur enivrement ils diraient volontiers avec Puget : « Je suis nourri aux grandes œuvres ; je nage quand j'y travaille. »

Cet enthousiasme sied à l'artiste, mais il convient surtout à l'homme qui prépare un bas-relief. Que celui-là soit vraiment nourri aux grandes œuvres ! Qu'il se plaise aux manifestations de l'honneur, du courage, de la puissance, du génie, de la sainteté ! Que sa parole soit châtiée, éloquente et féconde! Qu'il éprouve un attrait invincible à remuer l'idée ! Que sa main cherche l'outil ! Que son labeur double sa force ! « Je nage quand j'y travaille », a dit le maître.

Encore un coup, cette disposition de pensée convient au sculpteur. Toutefois, qu'il ne s'y trompe pas : rien ne le dispensera d'un dessin correct. Ici, pas d'illusion optique. Le dessin dans le bas-relief se développe sur un seul plan, avec une netteté géométrale.

§ XI. — LA COMPOSITION. — Entrons au Louvre. *Bacchus Indien chez Icarius* est un bas-relief qui ne comporte pas moins de dix personnages. L'action est multiple. Icarius et sa fille Érigone prenaient leur repas lorsque arrive le dieu de Naxos, suivi de Silène et de faunes. Silène joue de la double flûte ; un faune agite le grand thyrse ; un bacchant soutient une jeune fille à la démarche chancelante. A peine Bacchus a-t-il franchi le seuil d'Icarius qu'un faune s'empresse de délier sa chaussure. Icarius s'est levé sur son lit de table, et, du geste, il acclame le dieu; Érigone souriante, demi-couchée, un doigt sur la bouche, salue à la manière orientale l'hôte de son père.

La scène ne laisse pas que d'être compliquée ; cependant, d'une extrémité à l'autre du bas-relief, tous les personnages se meuvent sur un même plan. La forme humaine, dans sa longueur exacte et ses divisions, est dessinée sans trompe-l'œil, sans convention, sur le champ qui a servi de toile au sculpteur.

Adoptez tel point de station que vous préférerez, la variété des aptitudes est grande, mais aucun acteur du drame ne présente une silhouette en saillie. Observés de face ou vus de côté, ils demeurent également lumineux, calmes, austères dans leur marche joyeuse.

§ XII. — Licences du bas-relief. — Problème étrange ! le bas-relief, qui est maître du nombre, a pour principe de dédaigner le nombre.

L'abstraction constitue sa force.

Il indique au lieu de peindre. Et, pour peu que le signe qu'il renferme ne soit pas obscur dans son unité, le spectateur est satisfait. Ainsi, dans la scène qui nous occupait tout à l'heure, trois faunes, une bacchante et Silène forment le cortège d'un dieu ! A tout prendre, c'est une suite modeste. Telles sont cependant les lois de l'art plastique, lorsqu'il s'agit du bas-relief, que cette image sommaire n'a rien qui étonne. La pensée supplée l'œuvre modelée. Bacchus apparaît entouré d'une escorte nombreuse et brillante.

Dois-je rappeler une autre caractéristique du

mode que nous étudions? Non-seulement la figure humaine domine tout accessoire, mais l'éloquence primitive, archaïque, dépourvue d'habileté, qui est l'apanage du bas-relief, autorise une gradation dans la stature en rapport avec le mérite du personnage. L'homme n'a pas les mêmes proportions que la divinité. Bacchus est plus grand que Silène.

Le rôle de la grandeur matérielle, comme expression de la puissance, est clairement écrit dans un autre bas-relief, également au Louvre : *Procession de suppliants.* Junon a des dimensions colossales. Deux magistrats se sont approchés de son autel. Derrière eux, des gens du peuple sont en marche ; ceux-ci, de proportions réduites, ne sauraient être confondus avec les défenseurs de leur cause, qui sont les plus voisins de la déesse.

§ XIII. — Profil. — Méplat. — Autres caractéristiques de la composition du bas-relief. — L'un des procédés en usage dans le bas-relief consiste à faire choix du profil. Sur huit personnages de ce fragment hors de pair des *Panathénées,* que possède notre Louvre, sept sont vus de profil. Un seul se présente de trois quarts.

La saillie du modelé est également soumise à un principe inflexible. Le bas-relief est d'autant plus rayonnant que le méplat y domine davantage. Je n'en veux pour exemple que les *Panathénées*. La vigueur du modelé est tout entière écrite dans le contour. C'est la ligne terminale, tracée d'un doigt souple, mais ferme, qui constitue la netteté, l'élégance et la force de la composition. Sculpter un bas-relief d'après les lois de la ronde bosse serait un contre-sens.

§ XIV. — Le style. — Mais le bas-relief, avons-nous dit, n'est pas une œuvre pleinement indépendante. Il est la parure ordinaire d'un monument. L'architecture lui impose diverses conditions en dehors desquelles il n'aurait plus de sens. Il est donc évident qu'en rappelant comme nous venons de le faire, la syntaxe du bas-relief, nous n'avons pas pensé que le style dût relever d'une règle conventionnelle.

Le style est commandé par l'édifice.

Tandis que la composition repose sur des principes certains, indiscutables, consacrés par le raisonnement non moins que par la tradition, le style est tour à tour égyptien, perse, étrusque, grec, romain, germanique ou français.

L'heure et le lieu décident du style.

Il découle du génie d'un peuple, et rien au monde n'est plus singulier que le génie. Vertu individuelle ou nationale, le génie est la marque toujours nouvelle de la force intellectuelle d'une époque. Il y aura sans nul doute des degrés, des points d'arrêt dans cette manifestation de l'esprit ; mais on ne prévoit pas le sublime, et c'est à l'heure où l'on doute du génie que ce dieu qui ne connaît point de préceptes apparaît. Il est et il commande. La raison de son existence, les ressources ou la durée de sa souveraineté ne sont écrites nulle part de main d'homme.

Il concentre sa puissance dans le style.

Ce que nous constatons ici est d'ailleurs d'une application générale. La langue écrite ou parlée a ses règles grammaticales ; le style de l'écrivain ou de l'orateur n'en a pas.

Ainsi pour la langue modelée. La construction du discours, je me trompe, de la ronde bosse ou du bas-relief, repose sur une grammaire ; mais le style de cette page bien construite ne connaît aucune loi.

Analyser les styles dont les modèles sont venus jusqu'à nous, en dépit de l'espace ou du temps, serait une œuvre trop longue. Qu'il nous suffise de signaler l'étroite corrélation de style entre les monuments de l'architecture et le bas-relief, chez tous les peuples et à toutes les époques. Telle scène modelée se rattache par le style à l'ordre toscan, telle autre à l'ordre corinthien ou composite.

Que conclure au point de vue français?

§ XV. — La vie, caractère dominant de l'école française en sculpture et en architecture. — La France a son architecture au caractère éminemment national. Mais que d'évolutions, que d'aspects variés, depuis le style roman jusqu'au style ogival ! Il semble que l'habileté des maîtres d'œuvres leur soit à eux-mêmes un stimulant. Trois siècles leur suffisent pour parcourir le cycle curieux et vraiment français qui embrasse l'ogive primitive, rayonnante et flamboyante.

Et encore n'était-ce là que les transformations dernières. Aux âges précédents, les écoles du Poitou, d'Aquitaine, d'Auvergne, de Bourgogne et de Normandie, avaient attesté par la richesse et les oppositions de leurs styles l'originalité féconde de l'architecture française. Toutefois, le mouvement, l'action, paraissent inséparables de notre génie. La pierre elle-même s'anime et palpite sous la main fiévreuse de nos artistes.

La sculpture, le bas-relief surtout, devait subir l'influence de cette mobilité. Une agitation savante, pondérée, distingue les scènes plastiques des cathédrales de Paris, de Reims, de Rouen, d'Amiens.

La vie est, en fin de compte, la dominante de notre style national dans les arts du dessin.

Un critique l'a dit avant nous : « Quelle que soit en théorie la loi originelle de la statuaire, il faut bien nous avouer à nous-même que la sculpture française n'a jamais été une sculpture très tranquille [1]. »

Et cependant notre école de sculpture, de Michel Colombe jusqu'à Rude, peut sans crainte rappeler ses gloires.

Qu'est-ce à dire, sinon que le style, les lois primordiables de l'art étant sauves, est essentiellement variable et personnel ?

Il appartient aux sculpteurs éminents de se bien

[1] Funérailles de Carpeaux. Discours prononcé par M. le marquis de Chennevières, directeur des Beaux-Arts.

pénétrer du milieu où doit être posé leur bas-relief; cette notion clairement acquise, le goût sera le meilleur guide de l'artiste, et dût-il parcourir la distance qui sépare les suaves compositions de Phidias des pages tourmentées de Carpeaux, il peut avoir son style et parler en maître.

CHAPITRE XII
LES PIERRES GRAVÉES

§ 1. — DE LA GLYPTIQUE. — Nous avons traité du bas-relief : le camée s'impose à notre étude.

N'est-il pas, en effet, la réduction, ou mieux encore, la miniature du bas-relief ?

D'autre part, le camée ne peut être séparé de l'intaille.

La gravure en saillie suppose la gravure en creux.

L'intaille est la contre-partie du camée.

Or, bien que l'art du graveur en pierres fines ait son appellation spéciale, la glyptique, il se réclame de nous dans ces pages consacrées à l'art du statuaire. « Tout graveur en pierres fines, a dit avec justesse un expert en cette matière, doit être dessinateur et sculpteur [1]. »

---

[1] CHABOUILLET, le Camée représentant l'Apothéose de Napoléon Ier, par M. Adolphe David, d'après le plafond d'Ingres. Paris, Eugène Belin 1879, in-8, p. 8.

La sculpture est le fleuve; la glyptique, un affluent.

Telle est la fécondité merveilleuse de l'art plastique, qu'une sardonyx ou une agate, de la grosseur d'un grain de sable, peuvent refléter le génie d'un peuple.

Les pierres gravées de Pyrgotèle et d'Aulus résument l'art de plusieurs siècles.

Elles sont l'abrégé de la sculpture dans les temps anciens.

Réplique du génie par le génie, ces chefs-d'œuvre nous offrent la traduction des dogmes ou des allégories en honneur dans l'antiquité. Il y a plus, le graveur en pierre fines a maintes fois puisé son inspiration chez les statuaires ou les peintres qui l'avaient précédé.

Artistes désintéressés, les maîtres de la glyptique ont reproduit les grandes œuvres de Phidias et de Polyclète, d'Apelle et de Parrhasius.

Notre langue n'a pas de termes pour définir le rôle de ces hommes étranges, à la fois créateurs et disciples. Séduits par le talent de leurs pairs, ils l'ont voulu célébrer dans un idiome qui leur fût personnel.

Ainsi ont-ils créé.

Car, encore qu'ils aient emprunté la ligne ou la

couleur à leurs devanciers, la méthode, le rhythme, dont ils ont usé est à eux.

La glyptique a pu se faire la cliente du peintre ou du statuaire ; son verbe sobre, distingué, souple et fin commande l'attention de l'artiste et de l'amateur.

La glyptique condense, réduit ; mais, où l'artisan vulgaire n'aurait vu qu'une copie, le graveur en pierre fines transpose le parfum, la grâce de l'œuvre type, et sa topaze vaut le paros du sculpteur.

§ II. — POPULARITÉ DE LA GRAVURE EN PIERRES FINES. — Par là même que la pierre gravée porte l'empreinte des plus belles œuvres de l'art plastique, elle a fait cet art plus célèbre, plus populaire.

Les graveurs en pierres fines sont des propagateurs.

Quoi de plus instable que ces menus objets trop légers pour fatiguer même une main d'enfant ? Aussi, les produits de la glyptique ont-ils rempli les écrins des consuls, orné les doigts des joueurs de flûte, et brillé dans la chevelure des patriciennes.

Alors que Minerve veillait au Parthénon, Jupiter

à Olympie, les dames romaines portaient à leur cou, gravée sur l'améthyste ou le saphir, l'image de ces divinités.

Ce que chez nous le lithographe, secondé par une presse, essaye sur la pierre tendre, les maîtres de la glyptique l'ont su faire autrefois sur la pierre dure. Mais, outre le mérite du travail, ces patients « lithoglyphes » ont dû produire sans aucun secours mécanique chaque exemplaire de leurs œuvres.

Ce furent néanmoins des maîtres féconds. Les pierres gravées que nous a léguées l'antiquité sont presque innombrables. Précieux privilège de la glyptique. Non-seulement elle a reproduit et propagé les chefs-d'œuvre de la sculpture ancienne; elle devait lui permettre de se survivre.

La pierre gravée a été comme le denier d'or qui passe de mains en mains, inaperçu du conquérant. Elle est le diamant que le chercheur retrouve dans les ruines au lendemain de l'incendie. Elle est l'épave de l'art antique, épave inaltérée que le temps n'a pas atteinte.

Il y a trois siècles, Jean Goujon sculptait sur la terre de France ses Nymphes immortelles. C'est à la pierre de liais qu'il demandait leurs profils délicats : or, les reliefs de notre sculpteur s'effrittent,

L'épiderme des déesses fluviales s'est gercé. Encore un peu, et les chefs-d'œuvre de notre art national sous la Renaissance auront perdu tout modelé.

Et voilà plus de deux mille ans que Glycon gravait, dans une île lointaine, sur un sardonyx, le *Triomphe d'Amphitrite*. Cependant on dirait tracée de la veille cette scène mythologique[1]. Le taureau marin qui porte l'épouse de Neptune, le Génie ailé qui tient les rênes, l'Amour planant dans les airs, armé d'un fouet, qui semble presser la marche, les enfants posés sur la croupe du monstre : tous les personnages de ce drame sont parvenus intacts jusqu'à nous. Ici, pas de relief appauvri et dénudé. Il semble que le pur soleil de la Grèce ait constamment baigné de sa chaude lumière le camée de Glycon. Les méplats, les saillies n'ont rien perdu de leurs nuances. On serait tenté de croire que ce joyau sort de la *cella* du temple de Neptune, à Corinthe, où sans doute l'artiste l'avait placé.

§ III. — Des gemmes transparentes. — Le diamant. — Quelle est donc cette merveille ?

---

[1] Au Cabinet des médailles et antiques. Voyez *Catalogue général et raisonné*, par M. CHABOUILLET, n° 86.

De quelle sorte est l'argile de ce maître d'œuvre, le graveur en pierres fines ? Comment se nomment son marbre et sa pierre, plus durables cent fois que le marbre ou la pierre d'un Praxitèle et d'un Jean Goujon ?

Sa pierre s'appelle le diamant. Limpide comme l'atmosphère de l'Attique, le diamant qu'aucun minéral ne peut entamer rebuta longtemps la patience des artistes. C'est au quinzième siècle de notre ère que Louis de Berquen découvrit à Bruges l'art de tailler cette gemme. De la poudre de diamant fut son outil. Chose curieuse, rebelle à tout contact étranger, c'est en lui-même que le diamant porte la substance qui permet de l'assouplir et de le graver.

§ IV. — LE SAPHIR. — Le saphir vient ensuite. Il a presque la dureté du diamant. Imprégnée d'azur comme le ciel de l'Asie, cette gemme porte aussi le nom de pierre orientale. La nature l'a-t-elle trempé dans un bain de pourpre, le saphir prend le nom de rubis.

§ V. — L'ÉMERAUDE. — Éclatante et radieuse, telle est l'émeraude. Verte, elle resplendit avec un éclat que ne saurait atteindre la plus riche végétation. Pline nous apprend que la force radiante de l'émeraude pénètre l'air et lui prête sa couleur. Elle donne à l'eau dont on la recouvre sa teinte d'herbe vive. La lumière du jour, celle d'un flambeau, l'ombre nocturne, rien n'altère la vivacité de ses rayons. De toutes les pierreries, ajoute Pline, l'émeraude est la seule dont l'œil se repaisse sans se lasser jamais. *Soli gemmarum contuitu oculos implent, nec satiant*[1].

§ VI. — L'AIGUE-MARINE. — L'aigue-marine, au vert nuancé de bleu, a été gravée par les anciens. Évodus, artiste grec du premier siècle, a signé le portrait de Julie, fille de Titus, que possède notre Cabinet des antiques[2]. Vous connaissez comme moi cette intaille. Le front diadémé, la chevelure bouclée de la nièce de Domitien, le collier, les pendants d'oreilles et par-dessus tout le caractère passionné de l'œil et des lèvres sont présents à votre esprit. ΕΥΟΔΟΣ ΕΠΟΙΕΙ « Évodus l'a faite ! » Ces mots si simples ressemblent à un

---

[1] PLINE, *Histoire naturelle*, liv. XXXVII, XVI. 2.
[2] Cabinet des médailles et antiques, n° 2089.

cri de triomphe ; c'est le défi du maître jeté à travers les siècles, et que les siècles n'ont pas relevé.

§ VII. — La topaze. — La topaze fut également l'une des pierres préférées des graveurs. On dirait une larme du soleil ou de l'or fluide. Sa teinte chaude et joyeuse parle d'ivresse, aussi est-ce une topaze que l'artiste grec a choisie pour représenter Bacchus, tenant le thyrse et le canthare, près de l'autel où vont accourir tout à l'heure les Thyades et les Bassarides, folles prêtresses des Dionysies[1].

§ VIII. — L'hyacinthe. — L'hyacinthe a été fréquemment gravée. Mélange de rouge et de jaune, l'hyacinthe est semblable au miel de l'Hymette, lorsqu'il a plu du sang sur les sommets, après les luttes d'aigles chantées par le poète.

§ IX. — L'améthyste. — C'est encore la figure de Bacchus que les Grecs aimaient à graver dans l'améthyste. On sculpta des coupes avec cette pierre, que l'on supposait capable d'écarter l'ivresse. De là, son nom. Nous possédons la tête d'un homme chauve, vu de profil, gravée en intaille sur

[1] Cabinet des médailles et antiques, n° 1626.

une améthyste de la plus haute valeur, signée Dioscoride[1]. Le Régent, et après lui Visconti, ont voulu voir dans ce travail l'image de Mécène. Qu'importe, si c'est un chef-d'œuvre ?

§ X. — LE GRENAT SYRIEN ET LE GRENAT DE BOHÊME. — La pourpre d'or du grenat syrien, adoucie par la teinte violette de l'améthyste orientale ; le rouge sanguin du grenat de Bohême, ont fait rechercher ces deux pierres dans l'antiquité. Gravées en intailles, les Grecs avaient coutume de les porter en anneaux.

§ XI. — DES GEMMES DEMI-TRANSPARENTES ET DES GEMMES OPAQUES. — Toutes les gemmes dont nous venons de parler sont transparentes.

La prase, l'opale, l'agate et la cornaline sont demi-transparentes. Le jaspe et la turquoise sont opaques.

§ XII. — LA PRASE, L'OPALE, LA CORNALINE. — La prase a les tons verts de l'émeraude.

L'opale ondoyante varie sa couleur au gré du soleil. Selon qu'on les expose à ses rayons, les

---

[1] Cabinet des médailles et antiques, n° 2077.

ondes laiteuses de l'opale réfléchissent tour à tour le jaune, le vert, le noir et le bleu. Les Grecs donnaient à cette gemme un surnom qui signifie « beau comme l'Amour ». Au moyen-âge, Albert le Grand désignait l'opale sous le nom d'*orphana*, voulant marquer ainsi l'isolement de cette pierre parmi les plus précieuses qu'elle éclipse de sa beauté.

L'agate rappelle alternativement la neige, la cire ou le sang. Diaphane, elle est dite orientale; nébuleuse, elle prend le nom de calcédoine. Si l'eau de la pierre est brouillée, l'agate est appelée cacholong.

A-t-elle reçu de la nature un ton de chair, elle devient une sardoine ou une cornaline.

§ XIII. — LE JASPE, LA TURQUOISE. — Le jaspe est des plus variés dans sa gamme. Il passe du vert au brun, du jaune d'or au gris. On connaît encore les jaspes veiné, fleuri, sanguin et grammatique.

La turquoise n'est pas une gemme ; c'est une substance osseuse, pétrifiée par le mélange d'un oxyde de fer. Dès longtemps, les artistes l'ont travaillée; les vieux Égyptiens gravaient sur turquoise. La Turquie, la Perse et les Indes fournissent la turquoise orientale; la Silésie, la Bohême et la France, la turquoise d'Occident. Monochrome, elle est toujours bleue, mais la pâleur ou la vivacité de la nuance fait le prix de la turquoise. Quand elle reflète le ton pâle et clair de l'azur, elle est sans défauts.

XIV. — Antiquité de l'intaille. — La turquoise, le jaspe, la prase, l'opale et les gemmes transparentes dont j'ai parlé, servent le plus souvent à graver l'intaille. Et si l'intaille a précédé le camée dans l'ordre du temps, si les scarabées d'Égypte, les cônes, les barillets et les cylindres de Ninive et de Phénicie sont des intailles, tandis que les camées les plus anciens ne remontent à grand'peine qu'à l'époque d'Othryades, c'est le camée qui l'emporte chez les modernes parmi les pierres gravées.

§ XV. — Du camée. — Modelé comme un bas-relief, il resplendit et rayonne à l'exemple d'une fresque. Que dis-je ! si vives que soient les couleurs disposées sur le mur d'un monument, elles reçoivent la lumière et l'éteignent. En effet, la réfraction n'est jamais plus puissante que sur une surface blanche et nue. Les rayons du soleil tombant sur une page de Parrhasius ou de Raphaël se brisent et s'émoussent.

Un autre phénomène se produit quand les ondes lumineuses baignent une pierre gravée. C'est de l'œuvre elle-même que semblent jaillir les rayons. On dirait d'une flamme intérieure, d'un foyer subtil et pénétrant sur lequel la main de l'homme, ajoutant à celle du Créateur, a jeté comme un manteau d'âme. L'émeraude et le jaspe ne cessent de brûler; ce sont des pierres incandescentes dont les teintes chaudes et mobiles font songer aux laves des volcans. Mais la lave passe éternellement du rouge vif au rouge blanc, tandis que les gemmes projettent toutes les couleurs du prisme.

Il était toutefois nécessaire que l'artiste pût fixer le ton d'une draperie, en opposition avec le nu, le caractère d'un accessoire faisant équilibre au héros principal d'une scène compliquée. Il importait, en un mot, que les teintes fusibles et scintillantes de certaines pierres demeurassent immobiles sous le regard. La sardonyx a permis de résoudre ce problème.

§ XVI. — LA SARDONYX. — Formée le plus souvent de trois couches, la sardonyx est brune, blanche et noire. Mariette a cru pouvoir dire que Crozat avait possédé une sardonyx à quatre couches. Millin nous apprend que Mariette s'est trompé. Cependant les anciens ont travaillé des sardonyx à quatre et cinq couches.

Au reste, trois couches bien distinctes, d'épaisseur régulière, d'un grain serré, d'une teinte nette et pure, quelle fortune pour le graveur ! Il peut concevoir son drame sur deux plans, et le fond du tableau tranchera par sa couleur avec la gravure. Certaines variétés de sardonyx n'ont que deux couches. Ce n'est pas moins cette pierre que préféreront toujours les artistes pour sculpter un camée.

Malgré la ressemblance du nom, la sardonyx ne doit pas être confondue avec la sardoine, qui est une agate monochrome, tandis que la pourpre de la sarde et le blanc de l'ongle (ὄνυξ) sont les tons majeurs de la sardonyx.

§ XVII. — DIFFICULTÉ DE LA MISE EN ŒUVRE. — Ce que j'admire en face des pierres précieuses, ce n'est pas la fécondité de la nature. Celle-ci est l'œuvre de Dieu, et chaque jour, à chaque heure, ses merveilles, à peine pressenties, confondent l'intelligence humaine. La nature n'a pas besoin d'éloges. La célébrer, ce n'est pas la grandir, c'est témoigner de notre impuissance. Ce que j'admire, c'est le génie de l'homme, qui s'est emparé des gemmes et les a travaillées.

Il était à craindre qu'après avoir fouillé le lit des fleuves, percé les flancs de la montagne pour en extraire ces constellations terrestres, le diamant, le rubis, la topaze, l'homme voulût borner son effort à se faire une parure de brillants. Son génie ne l'a pas souffert. La glyptique devait prendre place dans ses découvertes. La topaze fut gravée. Un ornement exquis vint se surajouter à l'éclat de ses feux. C'est la main de l'homme qui l'a parachevée.

XVIII. — Technique de la gravure en pierres fines. — Certes, l'artiste a chèrement payé son audace. Il a dû tracer son dessin à la pointe du diamant, dégrossir la pierre et la sculpter lentement à l'aide du touret et de la bouterolle. Tâche difficile, je vous le jure. Et quand on songe que quatre années, dix années peut-être d'incessant travail seront exigées pour un camée de quelques millimètres carrés, la patience humaine apparaît dans toute son énergie. La sardonyx est-elle de grande dimension ? la difficulté se déplace sans cesser d'être. Le poids de la pierre est un nouvel obstacle. Il n'est plus permis au graveur de la tenir à la main ; un outillage compliqué devient nécessaire, et des agents mécaniques, disciplinés par l'artiste, devront pendant des années seconder ses doigts sans dévier jamais. Horace n'avait pas, je le suppose, connu ces poètes du diamant quand il a dit *Offendit poetas limæ labor*.

§ XIX. — PARALLÈLE ENTRE LA GRAVURE EN PIERRES FINES ET LA SCULPTURE. — Le graveur en pierres fines est vraiment le frère du sculpteur.

Tous deux ont à vaincre la matière. Le peintre conduit son pinceau sur une surface lisse. D'un geste sans fatigue, il formule sa pensée. Semblable au semeur qui dans sa main fermée porte les moissons prochaines et dont les doigts, lorsqu'ils s'entr'ouvrent, laissent échapper la vie, le peintre fait sourdre la couleur du moindre de ses mouvements. Le repos de son bras n'est pas toujours l'indice d'un temps d'arrêt dans son œuvre. C'est à peine s'il effleure sa toile, et la ligne se révèle dans son ampleur. Le velouté des chairs, le moelleux des draperies ont reçu de ses touches légères, presque insaisissables, le charme et la grâce.

Autre est la destinée du sculpteur. Toujours debout en face d'un bloc de granit qui l'écrase de ses proportions, armé du maillet et du ciseau, il frappe à coups pressés. On dirait d'un curieux qui supplie qu'on lui ouvre. Écoutez : c'est toujours lui, je l'entends qui frappe sans merci. Que veut donc cet impatient ? Il veut que la Beauté se montre. Il sait qu'elle est là, dans ce bloc informe et sans couleur. Il l'a vue en songe. L'intuition de sa forme, de son attitude, de son regard, lui a été donnée. Une gangue de pierre emprisonne son idole ; il fera sauter la gangue. Et sous son bras nerveux, ô le vaillant ! volent en éclats les copeaux de marbre.

Le graveur en pierres fines a eu, lui aussi, sa vision. La Beauté lui est apparue à travers la lumière. Le marbre dans sa blancheur idéale n'a pour lui qu'un éclat diminué. Si pure que soit cette matière, il la dédaigne. Ce qu'il faut à l'interprétation de sa pensée, c'est un granit rayonnant, coloré, plein de chaleur et de vie. Par instants, c'est de la flamme qu'il voudrait pétrir.

Les gemmes sont-elles si différentes de la flamme ? L'artiste en prend une dans sa main. Il l'enveloppe du regard avec volupté. Le feu de ces facettes l'enivre. L'eau brillante de la pierre est toujours en mouvement. Si l'artiste peut saisir son rêve, s'il sait le parler avec l'outil, s'il parvient à sertir une forme châtiée dans cette onde radieuse, la forme apparaîtra vivante et superbe.

A l'œuvre donc ! Aussi bien, cette pierre qu'il va sculpter, pèse une once. L'artiste ne pourra graver qu'une image réduite. Sa tâche, selon toute apparence, sera courte et facile.

Détrompez-vous. Le statuaire use d'un ciseau. La glyptique a recours à la poudre de diamant mélangée d'huile, aux bouterolles de fer, et au touret. La main de l'homme serait incapable, sans ces auxiliaires, d'avoir raison d'une émeraude. Pendant de longues années, l'artiste demeure courbé sur son intaille. Chaque jour il revient vers son camée. De temps à autre, un peu de poussière se détache de la sardonyx. Une forme se dessine, plus nette, mieux modelée à mesure que le pied robuste du graveur, frappant la pédale du touret, fait agir la poudre de diamant incrustée dans le fer de la bouterolle.

Et quand son chef-d'œuvre est achevé, quand l'ouvrier de génie, descendant de Pyrgotèle et de Dioscoride, a vieilli sur sa pierre, quelle récompense est la sienne ?

— L'oubli.

§ XX. — INDIFFÉRENCE DES MODERNES A L'ENDROIT DE LA GRAVURE EN PIERRES FINES. — Le sculpteur a généreusement travaillé, mais, son marbre terminé, une figure colossale signée de son nom se dresse au grand jour. Elle décore le forum, elle est l'orgueil de la cité, le trésor d'une patrie.

L'œuvre du graveur ne sera pas connue du public. On ne l'expose pas au forum. Des mains soigneuses emportent son camée au plus secret d'une galerie ou d'un cabinet. Les lettrés savent vaguement que telle ville possède une pierre d'Aulus, de Dioscoride, de Pyrgotèle, de Guay, d'Adolphe David, et c'est tout. Les peintres de dixième ordre sont célèbres ; les sculpteurs secondaires ont quelque renom ; les graveurs du plus grand talent sont ignorés.

Le graveur en pierres fines n'est guère à nos yeux que l'archiviste de l'art. Eh quoi ! lui seul a le secret de la durée. Le temps ne prévaut pas contre lui, et nous traitons son œuvre comme un parchemin !

Nous laissons à l'État le soin d'encourager ce paléographe de la pierre, et l'Etat, puissance impersonnelle, ne peut mieux faire que de conserver dans ses musées l'intaille et le camée du graveur.

§ XXI. — DE LA COULEUR CHEZ LES ANCIENS ET CHEZ LES MODERNES. — Mais le curieux, l'amateur, l'homme d'intelligence qui se passionne pour une toile ou un vase de prix, ne songera-t-il point à la glyptique ? Est-ce que la gravure en pierres fines est condamnée comme sa sœur cadette, la gravure au burin?

Nous ne voulons pas le croire.

S'il en était ainsi, nous donnerions aux générations futures une idée fâcheuse de notre sens esthétique. L'avenir aurait le droit d'être sévère envers le présent. Nous nous disons artistes, éclectiques, raffinés, et devant les peintures de Pompéï, tous les critiques de l'Europe ont regretté la perte des peintures d'Apelle et de Polygnote.

A quoi bon ?

Sommes-nous certains que les tableaux d'Apelle, composés seulement avec quatre couleurs, — c'est Pline qui l'affirme, — auraient éveillé chez les modernes plus que de la surprise ?

Quoi que nous pensions de nous-mêmes, nous ne sommes pas coloristes dans la mesure où l'étaient les anciens.

— Quelques pages dispersées, recueillies par un archéologue de ce siècle, ont permis de reconstituer la genèse de la sculpture chryséléphantine. La technique de cet art nous est connue. Certains livres que nous pourrions citer sont pour ainsi dire le manuel du cœlateur ou du toreuticien.

La toreutique a-t-elle refleuri parmi nous ?

— Non.

Nous ne concevons que la sculpture monochrome.

— Un architecte de nos jours a découvert plus que des textes sur un art que nous ignorons. La polychromie des monuments nous a été révélée par des ruines. De savants écrits ont été publiés. Des hommes convaincus ont plaidé la cause de la décoration de nos édifices.

La polychromie a-t-elle rencontré des adeptes parmi nous ?

— Non.

La teinte grise de la pierre nous satisfait ; nous ne voulons admettre que l'architecture monochrome.

— Ce ne sont pas des ruines qui nous ont appris ce que fut la glyptique chez les anciens. Les intailles et les camées ont traversé les siècles : on les compte par milliers dans les collections publiques. Intactes, éclatantes, ces pierres ont gardé la jeunesse de l'antiquité. Elles rayonnent sous nos yeux dans le prisme varié de leurs couleurs.

La gravure en pierres fines est-elle en honneur parmi nous ?

— Non.

Ce n'est pas assez que la tâche du graveur soit ingrate, nous la faisons obscure. A l'État incombe le soin d'enseigner un art que nous ne savons pas estimer, et l'État devra seul récompenser les artistes courageux, nourris de la sève antique, qui se donnent à l'art du camée. Quant au public, quant à nous, hommes du dix-neuvième siècle, nous ne savons plus apprécier une améthyste ou une onyx.

Serait-ce que les rayons de la pierre troublent

nos yeux fatigués ? Serions-nous à ce point ennemis de la couleur que celle qui n'a pas été combinée par la main de l'homme sur une palette de peintre échappe à notre goût? Une figure de Scopas, réduite par Pamphile sur le chaton d'un anneau qui a des scintillements d'étoile et qui durera cent siècles avec son éclat, sa fraîcheur, ses profils affinés, son parfum primitif, n'est-ce donc pas assez pour nous séduire?

§ XXII. — Rôle amoindri de la glyptique a notre époque. — Parler de glyptique aujourd'hui, c'est faire œuvre d'érudition. Pourquoi n'est-ce pas simplement œuvre de critique?

Le nombre des graveurs décroît.

Au sortir de l'École, ils forment encore un petit groupe. Attendez vingt ans, la stance du poète peut leur être appliquée :

> A ce chœur joyeux de la route
> Qui commençait à tant de voix,
> Chaque fois que l'oreille écoute,
> Une voix manque chaque fois...

Après tout, ce n'est pas leur faute si la presse reste muette en face de leurs œuvres. Ils n'ont pas mérité notre indifférence.

C'est sans motifs que nous considérons le graveur en pierres fines comme l'annaliste obligé du pouvoir, et rien de plus. Au lendemain d'une fête nationale, si nous nous demandons qui va garder la trace de l'événement de la veille, on entend cette réponse :

— L'État fera sagement de commander un camée !

Le rôle dévolu à la glyptique est réduit ainsi à un enregistrement qui est un des privilèges de la gravure en médailles. Et, si la médaille est le signe commémoratif le plus logique d'un événement politique, il n'en est pas de même du camée.

Le temps que met l'artiste à graver sa pierre lui enlève tout caractère d'actualité. En outre, son œuvre est unique, on ne peut espérer de la multiplier.

La médaille est le mémorial le plus populaire.

L'intaille et le camée ont des états de service d'un autre ordre. Les anciens ont demandé à la glyptique des miniatures religieuses, historiques, iconiques et allégoriques. La théogonie grecque, les déifications romaines, l'image des guerriers, des orateurs, des courtisanes, les fables des poètes ont inspiré les graveurs de l'antiquité. Ils nous instruisent par l'image, et l'ancien monde ne pouvait léguer aux modernes des précepteurs plus habiles ou de meilleures leçons.

§ XXIII. —DE QUELQUES CHEFS-D'OEUVRE DE LA GLYPTIQUE GRECQUE ET ROMAINE. — MAITRES QUI LES ONT PRODUITS. — C'est au temps d'Isménias, le joueur de flûte, que remonte la gravure sur émeraude. « La découverte de ce genre de travail, écrit Pline, est établie d'une manière certaine par un édit d'Alexandre le Grand. Ce prince défendit à tout autre que Pyrgotèle, le plus habile sans doute en cet art, de graver son portrait sur pierre précieuse. Après Pyrgotèle, Appollonidès et Cronius y excellèrent, comme aussi Dioscoride [1]. »

Ainsi parle le Naturaliste, et depuis tantôt deux mille ans, ces quatre noms de graveurs dominent l'histoire de la glyptique.

Au siècle dernier, le baron de Stosch pouvait montrer un fragment de sardonyx sur laquelle Appollonidès avait gravé une vache couchée. La pierre, de forme ovale, avait mesuré, lorsqu'elle était in-

[1] PLINE, *Histoire naturelle*, liv. XXXVII, IV, 1.

tacte, un peu plus de vingt millimètres. Stosch ne possédait que le tiers de ce joyau, mais, à côté de l'intaille, laissant apercevoir une partie de la tête, l'épaule droite et les deux jambes de devant, le nom d'Apollonidès restait lisible. Le duc de Devonshire acheta ce fragment mille guinées.

Le même amateur avait dans son cabinet une intaille de Cronius. C'était une figure de Persée, gravée sur cornaline.

Nous avons dit qu'une intaille de Dioscoride est au Cabinet des antiques. Une tête de jeune fille, attribuée à ce maître, existait dans la collection du duc de Marlborough.

Un portrait d'Alexandre, inachevé, également chez le duc de Marlborough, est regardé, au dire de Laurent Natter, comme une œuvre de Pyrgotèle. C'est un camée sur sardonyx à deux couches. Alexandre, vu de profil, porte un casque délicatement orné; la tête est rejetée en arrière; l'œil enflammé, les lèvres entr'ouvertes, les narines frémissantes, tout dans l'image du jeune conquérant semble aspirer la victoire.

Puisque nous parlons du célèbre amateur britannique, ne quittons pas sa collection sans rappeler la vigoureuse intaille d'Eutychès, élève et peut-être fils de Dioscoride : c'est une Minerve gravée sur améthyste. Une intaille de Cæmus, artiste grec, représente *Ganymède enlevé par l'aigle*. On croit que cette pierre est une imitation du groupe de Leocharès, mais l'échanson des dieux, dans l'œuvre sculptée, est vêtu ; l'éphèbe gravé par Cæmus est nu, et c'est à peine si l'aigle de Jupiter semble effleurer l'épiderme de l'enfant qu'il emporte dans ses serres, tant le graveur a su traiter son intaille avec un talent supérieur.

Signalons encore le portrait présumé du jeune Antonin, sur cornaline, par Ælius. Mais l'œuvre sans rivale du cabinet Marlborough, c'est le camée des *Noces de Psyché et de Cupidon*. Plus d'un archéologue a proclamé cette pierre le chef-d'œuvre de la gravure antique. D'autres prétendent, il est vrai, que ce camée serait moderne. Tryphon l'a signé [1]. Le même artiste avait gravé

[1] Nous laissons figurer ce camée parmi les pierres antiques à la suite de Bracci, Stosch, Spon, Winckelmann, Visconti, Raspe, de Murr, Montfaucon, Millin, Clarac, Sillig, etc. Sillig, notamment, doit inspirer confiance, puisque son remarquable ouvrage *Catalogus artificum* a été l'objet de la critique la plus minutieuse de la part de Raoul-Rochette. On sait, en effet, que dans son livre *Lettre à M. Schorn*, Raoul-Rochette rectifie ou complète ligne par ligne le dictionnaire de Sillig ; or celui-ci nomme Tryphon parmi les artistes de l'antiquité, et cite en termes élogieux le camée des *Noces*

une *Nymphe* au sujet de laquelle il existe une épigramme d'Addæus dans l'*Anthologie*. Si remarquable toutefois que pût être ce travail, nous avons peine à croire qu'il ait égalé le camée des *Noces de Psyché*.

Gravée sur une sardonyx à deux couches, cette scène se déroule sur un fond noir. Les personnages sont modelés dans une couche rose pâle aux tons de chair. Un Amour, debout vers la droite, prépare le lit nuptial, tandis qu'un second Amour, portant un flambeau sur son épaule, tient l'extrémité d'une guirlande de fleurs passée dans les mains de Psyché. Près d'elle est son fiancé, pressant dans ses bras une colombe. Un Amour ferme le cortège et tient suspendue sur la tête de Psyché une corbeille de fruits.

Tous les acteurs de cette scène sont en marche; on dirait un ressouvenir des Panathénées. Psyché s'avance, enveloppée d'une robe aux longs plis, et le voile de gaze légère qui couvre sa tête permet de distinguer ses traits. Un voile semblable est

---

de *l'Amour* (p. 454). Nous avons consulté la *Lettre à M. Schorn* : son auteur est muet sur Tryphon ; c'est donc qu'il croit à l'existence de ce maître antérieurement aux temps modernes.

jeté sur le front de l'Amour et flotte autour des épaules.

J'admire le penseur et le praticien chez Tryphon. Sans rien sacrifier de l'ordonnance qui convenait aux *Noces de Psyché*, sans négliger aucun détail, l'artiste auquel s'imposait le ton de chair de la couche supérieure qu'il devait graver, se sentait invité à ne modeler que des corps nus. Mais comment concilier le rite nuptial, la réserve, la pudeur de Psyché avec l'absence de vêtements ? Tryphon n'oublie pas la tradition mythique; en artiste de génie, il jette sur Psyché et sur la tête de l'Amour le voile des fiancés, et la pierre complaisante ajoute à l'illusion par sa teinte monochrome. Le voile a la transparence de l'atmosphère; il laisse discerner les lignes du visage, et le fin tissu semble recevoir sa couleur de la carnation rayonnante des têtes qu'il recouvre. Or, ce poème sans lacunes est raconté sur une gemme de quarante-quatre millimètres.

Tel est l'achèvement, telle l'exquise beauté des pierres gravées par les anciens. Et nous n'avons rien dit du *Diomède* de Félix, de l'*Achille au bord de la mer*, de Pamphile, publiés par Bracci[1]; de

[1] *Mem. di Ant. incis.*, tome II, 75, 90.

l'*Achille Citharède*, également de Pamphile[1]; des intailles d'Ariston[2], de Panæus[3] et d'Hyllus[4], de notre Cabinet des antiques. Ces chefs-d'œuvre sont plus connus.

Vienne n'est pas moins riche que Paris. Berlin, La Haye, Naples, Saint-Pétersbourg, possèdent d'importantes collections; c'est en France, on le sait, qu'a été formée celle de Saint-Pétersbourg, acquise par Catherine II, au prix de cent mille écus.

§ XXIV. — RAPHAEL, ANNIBAL CARRACHE, BOUCHARDON ET LES PIERRES GRAVÉES ANTIQUES. — Ne soyons pas surpris de l'influence de ces monuments dans l'éducation du goût.

Raphaël, le demi-dieu de la peinture chez les modernes, s'est mainte fois inspiré des camées et des intailles antiques dans la composition de ses grandes fresques. Deux tableaux bien connus d'Annibal Carrache au palais Farnèse découlent de la même source, et chez nous, Bouchardon, un sculp-

---

[5] Cabinet des médailles et antiques, n° 1815.
[2] *Ibid.*, n° 1827.
[3] *Ibid.*, n° 1581.
[4] *Ibid.*, n° 1637.

teur, a dit plus d'une fois : « L'étude des pierres gravées ne m'a pas été moins profitable que celle des statues antiques. » Nous devons le croire, bien que le dessinateur du livre de Mariette, toujours élégant et délié, ne se soit pas montré dans une mesure suffisante le disciple docile du génie grec.

§ XXV. — LA GRAVURE EN PIERRES FINES EN ITALIE. — J'entends mon lecteur. Il me reproche trop de sévérité envers les modernes. Les exemples rappelés dans ces pages, les noms d'artistes cités avec amour sont anciens, et j'ai tort, pense-t-il, de blâmer mon siècle dans son dédain de la glyptique, cet art n'ayant pas survécu, selon toute apparence, à l'écroulement d'Athènes et de Rome.

Il n'en est pas ainsi.

Au quinzième siècle de notre ère, l'Italie connut Jean et Dominique, auxquels leur célébrité valut les surnoms de Jean des Cornalines et de Dominique des Camées. Francia et Caradosso vécurent à la même époque.

Valerio Belli, Caraglio, Santa-Croce, Pier Maria da Pescia ont été renommés cent ans plus tard.

C'est celui-ci qui paraît être l'auteur de la cornaline si souvent citée sous le nom de *Cachet de Michel-Ange*. N'est-ce pas Mariette qui estimait cette pierre « le plus beau morceau du Cabinet du Roi et peut-être du monde »? Le P. Tournemine, l'un des auteurs du *Journal de Trévoux*, se plut à voir dans cette Bacchanale une œuvre de Pyrgotèle[1]. Madame Le Hay émit la même opinion. Mautour suppose que cette intaille aurait été faite pour les Ptolémées. Baudelot en cherche la date au temps de Cimon, le général athénien.

De Murr, le premier, dans la *Gazette d'Iéna*, éleva des doutes sur l'antiquité du travail dont les figures auraient été gravées d'après un des plafonds de Raphaël. L'éveil était donné. M. Chabouillet acheva de faire la lumière sur ce problème en montrant que le nom de Raphaël n'était pas à sa place sous la plume de de Murr, et qu'il y fallait substituer celui de Michel-Ange. C'est, en effet, à la fresque de la Sixtine, où Michel-Ange a représenté *Judith remettant la tête d'Holopherne à sa servante*, qu'est emprunté le groupe de deux vendangeuses gravé par Maria da Pescia, ami du Florentin.

[1] *Explication du cachet de Michel-Ange.* — *Journal de Trévoux*, février 1710.

L'intaille n'est pas signée, cela va de soi, puisqu'on ne sut longtemps à qui l'attribuer; mais un pêcheur gravé à l'exergue du cachet de Michel-Ange est regardé comme la signature en hiéroglyphe de Da Pescia. Quoiqu'il en soit, l'auteur habile de cette cornaline a fait preuve de savoir, puisque Mariette et d'autres s'y sont trompés, et sans la fresque de la Sixtine, rien n'indique que l'erreur de Mariette serait aujourd'hui dissipée.

L'Allemagne et l'Angleterre ont eu leurs graveurs. La France peut citer ses maîtres en glyptique depuis François Ier.

§ XXVI. — GRAVEURS FRANÇAIS. — Le plus illustre est Julien de Fontenay[1], graveur et valet de

[1] On a confondu longtemps Julien de Fontenay avec un artiste probablement imaginaire du nom de Coldoré. On trouvera le nom de Coldoré plusieurs fois cité dans le *Catalogue raisonné du cabinet des médailles et antiques*, publié en 1858 par M. Chabouillet. Mais l'érudit conservateur est revenu en 1875 sur Coldoré et a détruit définitivement, croyons-nous, sa légende dans une étude approfondie. M. Chabouillet incline à croire que Guillaume Dupré serait l'auteur de plusieurs pierres gravées précédemment attribuées à Coldoré. Cette première étude nous fait vivement désirer la publication du livre important que prépare M. Chabouillet sur Abraham et Guillaume Dupré, graveurs en médailles et en pierres fines. (Voyez *Bulletin de la Société de l'Histoire de l'art français*, année 1875, Juillet, p. 37-46). Consultez aussi l'excellente étude de M. Th. Lhuillier sur *Julien de Fontenay* dans le compte-rendu de la session des Sociétés des Beaux-Arts tenue à la Sorbonne en 1887. (Paris, 1887, in-8°, p. 98-115).

chambre de Henri IV; on connaît ses camées du roi et l'intaille sur émeraude, de douze millimètres, où le prince est gravé de profil, au centre d'une couronne d'olivier, la tête laurée, le buste couvert d'une armure [1].

Jacques Guay fut le graveur du roi sous Louis XV. Son œuvre, pour être incomplète au Cabinet des Antiques, est connue. Madame de Pompadour a gravé à l'eau-forte et au burin les pierres de cet artiste. La *Naissance du duc de Bourgogne*, le *Génie cultivant un laurier*, et le curieux cachet de la favorite, une topaze de l'Inde gravée sur ses trois faces, n'ont plus besoin d'être décrits [2].

Jeuffroy, contemporain de Louis XVI, a cherché ses modèles au temps d'Alexandre. C'est un graveur d'après l'antique. En 1801, cependant, Jeuffroy fit un camée représentant le Premier consul [3].

§ XXVII. — LE CAMÉE DE L'APOTHÉOSE DE NAPOLÉON Ier, PAR M. ADOLPHE DAVID. — Un artiste vivant, M. Adolphe David, achevait récemment son grand camée, l'*Apothéose de Napoléon Ier*,

---

[1] Cabinet des médailles et antiques, n°s 326, 331, 2490.
[2] Cabinet des médailles et antiques, n°s 357, 361, 2504,
[3] *Ibid.*, n° 365.

d'après Ingres. Nous avons tous vu, avant le 24 mai 1871, ce prodigieux plafond de l'Hôtel de ville où l'homme d'Austerlitz était représenté, debout sur un quadrige, recevant des mains de la Gloire la couronne des empereurs. Le char triomphal, guidé par la Victoire aux ailes puissamment ouvertes, s'élevait dans un ciel sans nuages... Une heure de démence a détruit l'œuvre d'Ingres.

M. David avait-il eu le pressentiment de cette heure fatale, ou bien s'est-il souvenu de l'édit d'Alexandre autorisant Lysippe à le sculpter en bronze, Apelle à le peindre, et Pyrgotèle à le graver ? A-t-il eu la noble ambition de reprendre sur une agate, avec sa bouterolle, l'image idéalisée de l'Alexandre moderne, tracée par le pinceau d'Apelle ? Nous l'ignorons, et d'ailleurs qu'importe ? L'œuvre de M. David est deux fois précieuse. Non seulement elle est la réplique de haut style d'une page disparue, mais ses dimensions surpassent celles de tous les camées depuis Tibère. L'audace et la patience ont été les gardiennes de l'artiste. Quinze années de sa vie se sont écoulées dans ce rude travail; mais en revanche, la France possède aujourd'hui, de par

---

[1] Le camée de l'*Apothéose de Napoléon I*[er] est au Cabinet des Antiques.

ce maître vaillant qui ne s'est pas découragé, la plus importante des gemmes que la glyptique moderne ait produites.

Et quel n'est pas le mérite de cette agate? Tenu de sacrifier certains détails de la composition primitive, M. David s'en ouvrit à Ingres. Si grande que fût la pierre longtemps cherchée, elle ne permettait pas de reproduire le plafond d'Ingres dans son intégrité.

Le peintre le comprit.

Trois figures allégoriques disparurent pour laisser plus de place au quadrige du triomphateur. Le groupe de l'Apothéose a été l'unique objectif du graveur en pierres fines. La nature entière fait silence autour du char éclatant qui monte dans l'espace, au galop aérien de ses coursiers. Je me trompe. Un bruit monotone arrive jusqu'à moi. C'est le flot qui déferle, c'est la vague qui se brise contre le rocher. Le vainqueur plane sur l'Océan, et la pointe d'un récif émerge sous l'image du triomphe. C'est l'écueil, la captivité, la ruine, le dénûment, la mort lente à venir; c'est Sainte-Hélène. Il y a plus. Ce drame philosophique, gravé par la main d'un maître sur une agate cendrée, reçoit de la teinte monochrome et triste de la pierre comme un reflet douloureux d'une sévère grandeur. L'œuvre du peintre, dans son initiale harmonie, avait moins d'unité; elle n'était pas aussi spiritualiste.

§ XXVIII. — Espoir. — Si l'*Apothéose de Napoléon* est le plus récent chef-d'œuvre de la glyptique, ce ne doit pas être le dernier. Grâce à Dieu, notre histoire est riche en souvenirs. Les graveurs peuvent surgir nombreux. Un mâle exemple leur est donné par M. David : ils voudront le suivre.

Ils voudront sauver de l'incendie, des blessures des hommes et du temps, les pages de génie échappées à la main du sculpteur ou du peintre. Artisans de la gloire, ils diront sur l'émeraude et la cornaline, qui ne doivent pas périr, ce que la plume ne saurait faire revivre. Ils seront les historiens des faits mémorables, des hautes pensées, des conceptions généreuses; ils mériteront le titre d'hiérogrammates, que l'Egypte décernait aux peintres de ses rites sacrés. Et, à leur tour, les lettrés, les amateurs, les artistes, la critique, le grand public de France, feront fête à l'avenir au frère du sculpteur, à l'homme qui seul peut créer des œuvres qu'on oserait dire éternelles, le graveur en pierres fines.

CHAPITRE XIII

LES MÉDAILLES

§ I. — La médaille, élément d'éducation. — Il nous reste à parler des médailles.

Nous avons dit que le camée est la miniature du bas-relief. La médaille est aussi une miniature. Elle diffère toutefois de la pierre gravée par plus d'un point.

Tout d'abord la matière travaillée peut être sans valeur. Les anciens nous ont laissé des monnaies en plomb. En second lieu on cite peu de médailles à un exemplaire unique.

Par contre, quelle est l'améthyste d'Aulus dont on connaisse une réplique originale ?

Nous dirons, si l'on veut, que les pierres fines sont des joyaux de princes, et la médaille, le joyau du peuple.

Il en est de la médaille comme du journal : on la tire à grandes éditions. Elle est l'image réduite d'un homme illustre, le récit abrégé d'un grand fait, la page d'histoire à la portée des humbles.

Pourquoi notre époque se montre-t-elle oublieuse à l'égard du médailleur? C'est mettre en péril une branche de l'art; c'est en même temps méconnaître un puissant élément d'éducation.

§ II. — Monnaies et médailles. — Avant de poursuivre, expliquons-nous sur la valeur des termes « monnaies » et « médailles ». Faut-il distinguer entre ces deux groupes de métaux ouvrés? Où est la limite? Quel est le caractère spécial d'une pièce de monnaie, et que faut-il pour qu'une effigie ou un emblème imprimés sur quelques grammes d'or, d'argent ou de bronze méritent l'appellation de « médaille », alors qu'on ne saurait leur appliquer avec autant de justesse le titre de « monnaie » ?

Si notre réponse ne doit viser que des œuvres modernes, disons plus, contemporaines, elle est aisée.

La pièce de monnaie sert aux transactions commerciales. On l'échange. C'est à peine si la gravure qui en marque la date attire le regard ; le métal, son module, son poids importent davantage que l'effigie frappée sur la face. La pièce de monnaie est une valeur.

La médaille est un objet d'art. On la conserve. Il ne vient à l'idée de personne de jeter une médaille sur le comptoir du marchand. On la veut enfermée dans un écrin, si modeste qu'il soit. Elle est une richesse pour l'homme qui la possède. Elle est toujours respectée.

Mais qu'un chef d'État soit remplacé par un autre; que les républiques succèdent aux empires, telle pièce de monnaie cesse d'être une valeur de circulation. On l'arrête dans sa marche. Des mains vigilantes la surveillent, la saisissent au passage. Elle retourne au creuset.

A dater de ce jour, la pièce de monnaie devient médaille.

Les numismates vous le diront, on connaît peu de médailles grecques qui n'aient été, à l'origine, des pièces de monnaie.

Rien ne nous défend donc d'établir en principe que toute monnaie est susceptible de prendre rang, tôt ou tard, parmi les médailles, tandis que bon nombre de médailles, principalement chez les modernes, n'auront jamais rempli l'office de monnaie.

De là, le prix, la valeur esthétique, la rareté, le charme de la médaille.

§ III. — Role social de la médaille. — On le voit, le point de démarcation, la limite entre les deux groupes de métaux n'ont rien d'essentiel, rien de précis. Nous nous trouvons en face d'une frontière changeante, déplacée d'heure en heure par les fluctuations de la politique.

S'il en est ainsi, nous avons le droit d'assimiler la médaille à la pièce d'or, puisque, dans bien des cas, la seconde s'identifie avec la première.

Qu'est-ce que l'or? Un instrument. Mis entre les mains d'un homme sans dignité, l'or est un levier d'ambition, de cupidité ou de jouissance. Aux mains de l'homme supérieur, l'or éclaire, vivifie et fonde.

Il en est de même de la médaille, comparable à la pièce d'or par la matière mise en œuvre et la forme adoptée, mais toujours préservée de la déchéance trop souvent subie par celle-ci. A l'exemple de l'or que fait circuler l'homme d'intelligence et de mœurs élevées, la médaille éclaire : elle porte l'idée dans le relief de ses emblèmes. Elle vivifie : l'âme se sent satisfaite, dans son besoin esthétique par la beauté de l'effigie gravée. Elle fonde :

un exemple d'honneur, un souvenir héroïque jaillissent des symboles modelés sur son disque de métal et invitent aux grands actes.

C'est ce qui nous faisait dire, il n'y a qu'un instant, que la médaille porte en elle un ferment d'éducation.

§ IV. — IMPORTANCE DES MÉDAILLES AU POINT DE VUE DE L'HISTOIRE. — Mais il ne suffit pas d'affirmer un fait. Le lecteur veut des preuves. Donnons les nôtres.

Si nous ouvrons l'histoire, les preuves abondent. Combien de monuments anciens, aujourd'hui disparus, ne nous ont été révélés que par des médailles! La fondation de telle colonie, les coutumes en usage dans telle contrée, la prééminence de telle cité sur ses rivales seraient ignorées des modernes sans le secours de quelques pièces d'or conservées avec soin dans une collection européenne. Je vous l'accorde, les écrits d'un Pausanias ou d'un Tacite nous instruisent sur les édifices et sur les mœurs du passé, mais une page de texte aura-t-elle jamais la précision du dessin pour bien fixer dans notre esprit le caractère de la couronne civique comparée à la couronne triomphale? L'ébauchoir et le burin s'expriment avec plus de netteté que la plume. Certains symboles en honneur à Athènes et à Rome réclameraient, pour être bien saisis, de longues descriptions que la vue d'une médaille épargne de rechercher et de lire.

Que les faits durables et de haute notoriété aient été le plus souvent recueillis par l'histoire, la médaille, consacrée aux événements de cet ordre, corrobore le témoignage écrit et le complète. Mais s'il s'agit d'actes moins éclatants, de particularités intéressant la mémoire d'un citoyen, l'honneur d'une famille, la médaille revêt tout à coup l'importance d'une charte inédite. Passant de mains en mains, elle est parvenue jusqu'à nous comme l'attestation discrète, mais authentique de la vertu d'un ancien.

§ V. — FAUSTINE LA MÈRE ET LES JEUNES FILLES PAUVRES DE ROME. — Quoi de plus touchant, pour citer un exemple, que le revers de la médaille de Faustine la mère, femme de l'empereur Antonin le Pieux ? L'impératrice, sur un trône élevé, se penche vers une jeune fille qui lui est présentée et qu'elle accueille, tandis qu'une autre enfant s'échappe des bras de sa mère et court vers le trône impérial afin de recevoir, elle aussi, les caresses et les soins de Faustine. *Puellæ Faustinæ*, est-il écrit autour de cette scène où se trouve rappelée la sollicitude touchante de la femme d'Antonin qui avait résolu de pourvoir à l'éducation et à l'établissement des jeunes filles pauvres de Rome.

Supprimez cette médaille, le fait dont elle évoque le souvenir demeurera connu, mais il n'aura plus que le caractère d'un décret, d'une mesure politique. Au contraire, le tableau que nous a laissé le graveur est rempli d'imprévu, de mouvement, de confiance, de maternelle bonté. Nulle étiquette. Rien d'officiel. Des mères sans fortune amènent leurs filles à une mère. Elles les soulèvent de terre et les déposent entre les bras de la souveraine. Mais la charité de Faustine ne serait pas rendue avec une éloquence assez saisissante, si l'action se concentrait sur le personnage qui présente une jeune fille à l'impératrice. L'artiste l'a compris. Aussi a-t-il composé le groupe exquis de l'enfant courant à toutes jambes vers le trône de Faustine, et que sa mère est impuissante à ressaisir. La scène racontée avec cet à-propos et ces détails cesse d'être dictée par l'intérêt, puisqu'une enfant, incapable de raisonnement, se précipite vers le bienfaitrice des enfants de son âge et de sa condition. C'est ainsi que, grâce à l'inspiration du médailleur, Faustine nous apparaît plus grande qu'une reine, elle est la mère du peuple.

§ VI. — Des portraits gravés sur les médailles antiques.

 — Pourquoi nous arrêtons-nous à décrire le revers d'une médaille? La face en est ordinairement plus curieuse, plus féconde en révélations. Elle présente, il est vrai, un simple profil. Mais quelle vigueur, quel style, quel caractère de vérité demeurent empreints sur la plupart des profils gravés! Qu'il s'agisse des médailles consulaires ou des médailles impériales, l'effigie modelée est toujours vivante, toujours d'accord avec le témoignage laissé par les historiens sur les personnages représentés.

On n'a pas oublié le merveilleux parti qu'un critique expert et fin a su tirer des médailles romaines, il y a près de vingt ans, dans un cours public, professé, non sans quelque âpreté, à la Bibliothèque impériale.

Tout ce qui a été dit plus haut touchant la Statue iconique et le Buste se trouve appliqué, avec un art supérieur, sur les médailles antiques.

On ne peut y recourir trop souvent. Elles sont
des témoins plus fidèles que les sculptures épargnées par le temps, attendu que beaucoup de
marbres anciens ne sont pas des œuvres originales,
mais des copies. Nous savons au surplus que des
bustes, considérés comme « antiques » dans les collections les plus renommées, ne datent que du seizième siècle. La contrefaçon s'est donné libre cours
à l'égard du Buste. La médaille n'a pas été complétement soustraite aux imitations, mais, sauf le cas
où il importait à quelque riche amateur de combler
à prix d'or les lacunes de sa collection, la contrefaçon ne s'exerça pas avec autant de sans-gêne
sur les médailles que sur les œuvres de rondebosse. D'ailleurs, les numismates ont de longue
date dénoncé les supercheries. La plupart des
médailles fausses sont connues.

§ VII. — Le médailleur et l'État. — Qu'en
pense notre lecteur ? Ce que nous venons d'écrire
établit sans doute le rôle élevé de la médaille.
Nous avons démontré, ce nous semble, qu'elle est à
la fois une lumière, une force et un exemple ;
qu'elle éclaire le passé, satisfait notre soif esthétique et fait appel à notre vouloir, orienté par elle

vers les hautes actions. Mais nous n'avons parlé que des médailles impériales ou consulaires. Une scène nous a frappé, nous l'avons décrite. Elle décore la médaille de Faustine. Il apparaît bien que nous nous trouvons en présence d'un genre d'ouvrages qui relève exclusivement du pouvoir administratif ou politique. La médaille, n'est-il pas vrai, est surtout une pièce officielle? S'il en est ainsi, la rareté des médailleurs ne peut faire l'objet d'un reproche adressé à l'école contemporaine. Ce n'est pas aux artistes qu'il faut s'en prendre, mais à l'Etat ? Si l'Etat néglige de commander des médailles, quel peut être l'avantage des sculpteurs à modeler, de leur propre mouvement, une médaille allégorique, un profil de poète ou d'homme d'Etat ?

Ne le demandez pas. Aucune œuvre sculptée n'exige moins d'heures, ne réclame moins de matière qu'il n'en faut pour exécuter une médaille. Cherchons bien : Vous avez sûrement au cours de votre vie d'artiste employé plus d'un instant de loisir à fixer, dans un peu d'argile, un souvenir glorieux, une date intime, les traits d'un ami. Vous tous qui me lirez, vous avez été médailleur à votre moment. Que ne l'êtes-vous plus souvent !

Certaines gens croient avoir tout dit quand elles ont fait l'Etat responsable de leur inaction. A les entendre, ce serait au Gouvernement à les stimuler, à les inspirer, à les soutenir en toute occurrence. Nous accordons que la grande sculpture est coûteuse, ce n'est pas assez dire, nous convenons que cet art magnifique est trop souvent ruineux pour celui qui l'exerce. Seul, en effet, l'Etat est assez riche, depuis l'émiettement de la fortune privée, pour payer les sculpteurs. Seul, l'Etat est en mesure de commander des arcs de triomphe, des statues colossales, des monuments commémoratifs ou des palais. On nomme dans notre démocratie les trois ou quatre citoyens — sont-ils plus nombreux ? — qui aient le pouvoir de demander aux statuaires de ce temps des œuvres de grandes proportions, destinées à leurs parcs ou à leurs chateaux. Loin de nous de vouloir atténuer ce qu'il y a de rigoureux dans la situation faite à la sculpture. Il est bien vrai que l'Etat ne saurait prendre en trop grand souci l'art du sculpteur à notre époque. Mais si nous considérons spécialement la médaille, nous devenons moins pressant. L'Etat n'est pas maître de multiplier les événements mémorables. Or, le nombre des commandes officielles demeure précisément subordonné aux faits généraux dont il importe de fixer le souvenir.

Admettez une nation qui puisse consacrer à l'art une large part de son budget. Quelle sera la préoccupation des fonctionnaires chargés de veiller à l'embellissement de la cité? Ils peupleront de colosses de marbre les grandes avenues ; ils feront plus riche la parure des palais et des temples, mais ils ne demanderont rien au médailleur, sinon, peut-être, de fixer une fois sur le bronze la date heureuse de la prospérité nationale.

§ VIII. — C'EST AUX ARTISTES A PRENDRE L'INITIATIVE DE LA COMPOSITION DES MÉDAILLES. — Ce n'est donc pas sur l'État que peut habituellement compter le médailleur. S'il est vraiment doué, c'est en lui-même qu'il doit chercher ses inspirations, c'est à lui à choisir l'heure de son activité, à en marquer le but.

Nous avons au Cabinet des médailles un musée monétaire des souverains et des grands hommes. Très riche en effigies de personnages des derniers siècles, cette galerie renferme relativement peu de portraits contemporains. Pourquoi? Parce que le médailleur de nos jours n'a pas foi dans son art, parce qu'il n'est pas de son temps, parce qu'il n'aime pas.

Vainement il objecterait la médiocrité de ses ressources. La médaille coûte peu. On la tire à grand nombre, et personne ne se trouve offensé par ces « tirages » qui jettent sur le marché plusieurs centaines, plusieurs milliers peut-être d'exemplaires d'un même travail. Chaque épreuve conserve l'aspect et la valeur d'un original. Elle est exposée à la vitrine des marchands. On l'achète sans répugnance. Le mot vous choque-t-il ? Nous l'employons volontairement. Quel est l'amateur, quel est l'artiste qui voudrait acquérir des copies d'une toile en renom, offertes au chaland dans un magasin ? Les bronzes même, reproduits fidèlement par un Barbedienne, ciselés, parachevés avec un soin minutieux et un talent véritable, valent-ils, aux yeux des délicats, une terre cuite originale, obtenue de l'artiste ? Non. Le phénomène auquel nous assistons, quand il s'agit de la médaille, les concessions que nous lui faisons placent ce genre d'ouvrages dans une catégorie toute privilégiée.

§ IX. — Procédé du médailleur. — On tentera peut-être d'expliquer le petit nombre des médailleurs de notre temps par cette raison que la médaille exige, pour être habilement traitée, des connaissances spéciales, relativement peu pratiquées.

Cette fois encore il nous est aisé de répondre. De nos jours, la médaille est toujours modelée. Il se peut que la cire ait été travaillée au diamètre adopté pour les épreuves ultérieures, toutefois elle sort le plus souvent des mains du sculpteur quatre fois plus grande que le diamètre normal de l'épreuve définitive. Le sculpteur s'est borné, en somme, à modeler un bas-relief très méplat, d'une forme déterminée, ordinairement circulaire. Le « tour à réduire » fera le reste. C'est cet instrument mécanique qui produira le « poinçon » épreuve initiale, en relief, à l'aide de laquelle on obtient le « coin, » c'est-à-dire l'épreuve en creux. Une fois le coin fabriqué, il ne restera plus qu'à l'appliquer, à l'aide d'une forte pression, sur une lame de métal qu'on nomme le « flan », et l'empreinte du « coin » sur cette lame métallique produira la médaille.

Celle-ci, dans la langue usuelle, portera le nom de médaille gravée, bien qu'elle ait été simplement modelée par son auteur.

La médaille fondue, différente de la médaille gravée, garde le plus souvent le nom de médaillon.

Les détails dans lesquels nous entrons ici permettent de juger combien il est difficile de marquer dans l'école la place du médailleur. Est-il graveur ou statuaire ? Aujourd'hui tous les médailleurs sont des statuaires.

§ X. — DU GRAVEUR EN MÉDAILLES. — Cependant, un groupe d'artistes persiste à s'adjuger le titre de graveurs en médailles. Et, chose étrange, les hommes dont je parle prennent parfois ombrage des sculpteurs. Ils leur dénient le droit de produire des médailles, de les exposer aux Salons annuels et de recevoir des jurys la juste récompense de leur talent.

D'où vient cette lutte ? Pourquoi cette guerre odieuse ? Il n'est pas un de ces « graveurs » qui ne puisse être taxé de fréquentes incursions dans le champ de la sculpture. Tous ont signé des médaillons, des bas-reliefs, des bustes, des statues ou des groupes. En quoi donc les statuaires outrepassent-ils leur droit en signant à leur tour des médailles, c'est-à-dire de menus travaux conçus en une heure, achevés en un jour, et susceptibles de populariser un profil célèbre ou un événement que le peuple ne doit pas oublier ?

Dédaignons ces mesquines querelles. Acceptons de toutes mains ce qui est noble ou touchant, ce qui élève l'homme en le faisant meilleur.

Vous entendrez dire que le statuaire qui s'adonne à la médaille est rarement en mesure de retoucher le « poinçon » tel qu'il sort du « tour à réduire. » Ceci n'est pas prouvé. Mais l'argument dût-il subsister dans toute sa rigueur, nous l'estimerions peu sérieux. Il suffit que la cire ou la glaise aient été modelées avec soin par le sculpteur pour que le « poinçon » réclame moins de retouches. Nous pourrions citer tel médailleur en renom, appartenant au groupe des « graveurs », qui n'a jamais tenu le burin et dont les œuvres sont mises en circulation telles qu'elles sortent du « tour à réduire. »

Le graveur en médailles a vécu. Il a fait place au médailleur. Il y a un siècle on gravait l'acier; aujourd'hui on se contente de modeler une cire. Là s'arrête le travail de l'artiste. Je sais bien qu'on donne le change au public par la qualification de « graveur en médailles, » mais le seul graveur qui existe à l'heure présente, c'est le « tour à réduire », dont la collaboration est acceptée de tous. On ne connaît pas un médailleur qui n'ait actuellement recours à cet instrument pour transformer sa cire en une médaille.

A la vérité, les « graveurs en médailles » ont quelque raison de tenir à leur titre, l'Institut ayant conservé le concours de « gravure en médailles » dont le lauréat est admis à bénéficier du séjour à Rome, comme pensionnaire de la Villa Médicis. Mais la dénomination de ce concours, pour être ancienne, a perdu de sa justesse. Il ne peut être question de « gravure » dans une joûte où se mesurent des sculpteurs, rien que des sculpteurs. Nous estimons trop la médaille pour regretter que les médailleurs jouissent du prix de Rome au même titre que les statuaires et les peintres. Toutefois, ce prix serait plus justement appelé « prix de médaille » que « prix de gravure en médailles », aucun des concurrents n'ayant les aptitudes ou le courage que réclamerait le maniement du burin sur le poinçon d'acier.

§ XI. — La frappe. — Au surplus, le « tour à réduire » n'est pas la cause réelle des lacunes trop souvent relevées sur les médailles de notre temps. On ne se fait pas faute de condamner l'emploi des moyens mécaniques. Il convient de distinguer. Les défectuosités de l'épreuve n'existent pas ordinairement sur le poinçon.

C'est à la frappe qu'elles se produisent.

« Le marteau, manié par un ouvrier habile, — c'est F. Lenormant qui parle, — était un instrument aussi intelligent, aussi obéissant à la volonté que le ciseau du sculpteur; le monétaire pouvait régler la force de son coup comme il l'entendait; le rendre plus ou moins violent, selon que l'exigeait la nature du coin dont il avait à produire l'empreinte. Il lui était facile de calculer les choses de manière à faire porter inégalement la principale vigueur de la frappe sur les différents points de la surface du flan, de telle sorte qu'il pouvait donner plus de saillie et plus de valeur à certaines parties du type. Au contraire, l'effet des machines ne saurait se régler de la même façon, il ne connaît pas ces nuances délicates qui sont si importantes dans les œuvres de l'art ; il frappe avec la violence, avec la régularité uniforme et brutale d'une force inconsciente. »

Ainsi, l'emploi de la presse à vapeur de Uhlhorn et Thonnelier, qui marque un progrès au seul point de vue de la fabrication rapide, est moins favorable que ne l'était le marteau à la production de belles œuvres.

La fonte est plus propice aux nuances du relief. Par contre, la fonte est coûteuse et lente.

§ XII. — Du relief. — Il importe peu que la médaille soit l'œuvre d'un graveur ou d'un statuaire si la loi primordiale que réclame ce genre d'ouvrages a été respectée. Cette loi consiste à n'user que d'un relief plutôt senti que réel. Tel est d'ailleurs le principe essentiel du bas-relief qui n'est vraiment digne de son nom que dans la mesure où il tranche résolûment avec la ronde-bosse.

Je le sais, une école, — c'est trop dire — un groupe d'hommes dans l'école contemporaine, s'exercent à produire des bas-reliefs saillants. Qu'on nous permette de l'écrire, ceux-là font preuve d'impuissance. Il est bien peu de cas où le bas-relief accentué ait sa raison d'être. L'architecture décide de ces cas exceptionnels. Rude a eu raison de modeler son *Départ* en saillie sur l'un des pieds-droits de l'Arc de l'Étoile, mais Rude n'a jamais songé qu'en sculptant son groupe il transigeât avec le bas-relief. Il a franchement pris son parti d'une ronde-bosse engagée dans la muraille qu'il devait orner. Autre est la situation des jeunes hommes de ce temps dont certaines œuvres ne se rattachent ni à la statue ni au bas-relief. Ce sont des demi rondes-bosses. Sans doute, les artistes dont nous parlons ont eu des devanciers. Qui donc n'a pas été devancé dans une voie quelconque? Tous les sentiers depuis longtemps sont des chemins battus. Mais on distingue entre une route droite et sûre et un défilé dangereux.

Les défenseurs du haut relief à outrance prétendent qu'ils se rapprochent du réel. Nous l'accordons sans peine, mais un penseur, M. Vacherot, a dit avec raison : « L'art libre, tel que la philosophie l'entend dans son œuvre d'éducation complète, a clairement conscience de son objet et de sa mission ; il sait qu'il a pour objet le beau et non le vrai, que ses créations ne sont que des symboles, c'est-à-dire les images sensibles de vérités intelligibles ; que sa mission est de *figurer*, non d'*exprimer* la vérité. » Cette sage parole doit être toujours présente à l'esprit du médailleur.

La médaille n'est acceptable, elle n'est vraiment parfaite qu'autant qu'elle porte une effigie très méplate. « Un demi-millimètre d'épaisseur, écrit à son tour Charles Blanc, permet au sculpteur d'obtenir tout le relief désirable, et ce qui est une nécessité pour les monnaies, parce qu'elles doivent être empilées, est, dans l'art, une beauté supérieure, et sur les médailles, le cachet des plus grands maîtres. »

§ XIII. — DES SCÈNES QUE COMPORTE LE REVERS D'UNE MÉDAILLE. — Si vous savez être fidèle à cette loi du relief adouci, la médaille vous offrira des ressources telles qu'aucune autre œuvre sculptée n'en peut offrir de comparables. La face ou « le droit » étant ordinairement remplie par un portrait, le revers peut être décoré d'une scène religieuse, historique ou allégorique. L'anecdote, interdite au sculpteur dans les pages de grande proportions, est permise sur le revers d'une médaille. Soit que le voisinage d'un portrait, qui doit toujours être traité avec soin, corrige le caractère transitoire, puéril même de l'anecdote, soit que le module peu développé de la médaille laisse supposer qu'elle n'a été qu'un caprice de sculpteur, une pensée de premier jet, sans prétention, si l'anecdote s'y rencontre elle n'offense pas le regard. Combien de revers, dans les médailles anciennes et modernes, sont décorés d'allégories d'un caractère tout intime que le statuaire ne pourrait sans péril reproduire dans un bas-relief, une statue ou un groupe? Ici les dimensions servent de sauvegarde à l'idée ingénieuse ou subtile. Elles sont le laissez-passer de la fantaisie.

§ XIV. — Avantages de la médaille sur le bas-relief et la statue. — Un avantage particulier à la médaille c'est qu'elle a deux faces. Le bas-relief n'en a qu'une. De ses deux faces, l'une est le commentaire de l'autre. Nous avons fait observer plus haut que la statue est un monosyllabe. On ne peut impunément traduire en sculpture deux pensées à la fois. L'unité la plus sévère, la plus stricte s'impose au sculpteur. Le médailleur est affranchi de cette règle. Il a le droit de parler deux fois, sur un mode différent. Magnifique prérogative que l'auteur d'une statue ne peut revendiquer pour lui dans une mesure aussi grande. En effet, la statue bénéficie parfois du bas-relief. Celui-ci explique celle-là. Fixé sur le piédestal, il est, selon le mot très juste d'un maître, « la note au bas de la page. » Mais le bas-relief, dans ces conditions, n'a ni le caractère, ni l'éclat de la statue. Il est dans un état de subordination, d'infériorité, d'effacement. Ses personnages font silence. Tel n'est pas le rôle des personnages gravés sur le revers d'une médaille. Ils ont l'importance de l'effigie frappée sur la face. Ils parlent aussi haut qu'elle, dans un autre sens, et cette rivalité des reliefs constitue la richesse et le charme de l'œuvre du médailleur.

§ XV. — LA MÉDAILLE EST UNE PIÈCE DE CIRCULATION. — Un dernier privilège que la médaille partage il est vrai, avec la pierre gravée, lui est acquis par la facilité avec laquelle on la déplace. L'écueil, si redouté du sculpteur, qui doit résulter du point de station qu'occupera le public devant son œuvre, disparaît ici. La médaille est transportable. On la met sous le jour le plus propice afin d'en apprécier la beauté. Alors même qu'elle n'est pas appelée à remplir l'office de monnaie, sa forme, sa matière, sa légéreté font de la médaille une pièce de circulation.

§ XVI. — MÉDAILLEURS FRANÇAIS. — Avions-nous raison de dire tout à l'heure que la médaille est négligée de nos jours? Nous le croyons. Mais les médailleurs du passé nous rassurent. Pour ne rappeler que des Français, Jacques Béguin, Jehan Cousin, les Pilon, les Dupré, les Warin, Nicolas Briot, Erondelle, Delaune, Bidau, les Roettiers, forment une pléïade trop brillante pour que leurs successeurs qui s'appellent à notre époque Barre, Oudiné, Gatteaux, Chaplain, Roty, Maximilien Bourgeois, Deloye, Levillain, Tasset, ne provoquent pas, par leur exemple, un retour prochain de nos sculpteurs vers la médaille.

§ XVII. — POPULARITÉ DE LA MÉDAILLE. — Une popularité certaine et durable les attend s'ils prennent résolûment cette voie. Quelle est l'œuvre d'art qui soit d'un achat plus facile, d'un examen plus prompt, d'un placement plus aisé que ne l'est la médaille? Ces conditions répondent de sa popularité pour peu que les médailleurs se montrent empressés à fixer sur le bronze les hommes, les œuvres, et les faits de ce temps.

Nous l'avons dit, la médaille peut être exécutée spontanément par son auteur sans que l'Etat ou les administrations publiques aient pris envers lui l'initiative d'une commande.

§ XVIII. — UN MUSÉE MONÉTAIRE. — Sont-ce les hommes de caractère et de talent qui manquent au médailleur? Non certes. Jugeons mieux d'une époque qui est la nôtre. Je veux bien m'isoler de la politique, mais la science, les lettres, l'art offrent au sculpteur mille sujets d'étude et de glorification nationale. Un usage, louable en soi, veut que le buste de la plupart des membres de l'Institut soit sculpté après leur mort. C'est s'y prendre tardivement. S'il s'agissait d'une statue, je comprendrais cette réserve. Mais le buste! Nous voyons tous les jours des bustes d'hommes vivants, et ce spectacle n'est pas fait pour déplaire. L'effigie n'est vraie que si le sculpteur peut s'inspirer de la nature. Toutefois, les bustes dont je parle étant destinés à un monument public doivent être commandés par l'Etat. Et la commande trop attendue produit souvent le buste défectueux. Au sculpteur de prendre ses avances. Qu'il modèle *ad vivum* la médaille de nos poètes, de nos savants, de nos artistes. Quel musée monétaire on composerait ainsi, et quelle popularité le médailleur assurerait à son propre nom en faisant pénétrer parmi les masses, non seulement les traits mais le génie de nos maîtres. Car c'est là surtout que l'imagination de l'artiste peut se donner libre cours afin de résumer dans une allégorie à la fois concise et brillante la caractéristique de la supériorité de ses modèles. Sur le revers de la médaille de M. Gounod, j'évoquerais *Faust* ; je ne comprendrais pas la médaille de M. Chapu sans la représentation de la *Jeunesse*. — Ainsi des autres.

§ XIX. — Médailles commémoratives. — Il y a quelque trente ans, l'inauguration d'une statue donnait lieu à la frappe d'une médaille. L'art se trouvait de la sorte honoré par l'art. Nous pourrions citer mainte pièce de Rogat, Bovy, Depaulis représentant les statues érigées à leur époque. Que le plus souvent les communes aient demandé à quelques médailleurs cette consécration d'une fête publique, cela doit être. Mais il appartient aux médailleurs d'appeler sur eux l'attention des communes en faisant revivre un usage oublié.

§ XX. — Prix académiques. — Est-il imprudent de penser que les diverses classes de l'Institut appelées à distribuer chaque année de nombreux prix en argent, se montreraient favorables à l'établissement d'une médaille, qui, aux mains du lauréat, serait à la fois une attestation flatteuse et un souvenir ?

§ XXI. — UNE RÉCENTE MÉDAILLE DE M. MAXIMILIEN BOURGEOIS. — Il n'y a pas jusqu'à l'État qui ne soit susceptible d'entraînement. La médaille sur laquelle M. Maximilien Bourgeois, dans un jour d'inspiration patriotique, a groupé Philibert De l'Orme, Jean Goujon et Poussin, vivants symboles de l'architecture, de la sculpture et de la peinture en France, a été acquise, en raison de sa valeur esthétique, par l'Administration des Beaux-Arts.

Courage donc au médailleur qui, plus aisément que le statuaire et le peintre, peut entrer en relations directes et fréquentes avec le peuple !

CONCLUSION

Il est temps de clôre l'entretien. Fermons ce livre. Nous l'avons dit dès la première page, c'est aux sculpteurs qu'il est offert. Puissions-nous avoir été lu par quelqu'un d'entre eux. Mettre en lumière les lois de la sculpture, rappeler la haute mission de cet art, tel est le but que nous nous sommes proposé.

Nous voulons espérer que le lecteur aura puisé dans ce court volume quelque pensée virile. L'heure actuelle est pleine de trouble, d'incertitude, de contradictions pour ceux qui tiennent le ciseau. Deux adversaires redoutables mettent en péril notre école de sculpture, le maniérisme et le naturalisme. L'un confine au détail et fait obstacle au caractère; l'autre incline à la déformation et produit des œuvres sans style. La vogue est, pour un temps, aux produits diminués que des praticiens adroits, mais dénués de pensée, de souffle et de goût, jettent avec profusion sur la place publique.

L'Arabe du désert, être nomade qui se plait aux grandes étapes à travers l'espace, voulant marquer son dédain pour les hommes que le lucre, le commerce, les opérations vulgaires fixent dans les cités, les appelle le « peuple d'argile ». Ce nom ne s'appliquerait-il pas avec justesse aux producteurs que leur fécondité banale ne sauvera pas d'un oubli prochain? Jamais peut-être ils ne furent plus nombreux qu'aujourd'hui. L'art, ou ce qu'ils croient tel, pouvant se résumer dans l'habileté de la main, ces artisans se jugent artistes. Ils sont légion. Peu s'en faut qu'ils ne forment un peuple, mais ce ne sera jamais que le « peuple d'argile. »

Laissons-lui son erreur et son industrie.

Combien je lui préfère ces hommes d'élite qu'un maître de ce temps appelait un jour les « poètes du marbre! » Leur nombre est restreint. On les nomme. La nature et la tradition sont leurs guides. La manifestation du beau est le terme dernier de leur activité. Ils sont en marche vers l'idéal. Eux aussi se plaisent aux grandes étapes. Ils sont les êtres de progrès. Qu'ils aillent donc sans peur, sans perplexités, sans défaillances. L'art éternel est avec eux. Or, l'art est une force, et toute force — c'est un mot de

Leibnitz — porte en soi la raison suffisante de l'actualité de l'action. Quelles promesses de triomphe égaleront jamais celles que l'art entretient comme une flamme sacrée au plus intime de l'être !

Et si je m'adresse à des maîtres français, aux descendants de Jean de Chelles et d'Eudes de Montreuil, de Michel Colombe et de Texier, de Goujon, de Richier, de Sarazin, de Coyzevox et de Puget ; si je considère l'école vivace qui a su confondre dans un seul courant, à force d'étude, de méthode, de sincérité, les sources provinciales, légitime orgueil de la Provence, du Languedoc, du Poitou, de la Bourgogne, de la Normandie, de la Champagne, de l'Ile-de-France ; si j'évoque le souvenir des tentations et des périls auxquels s'est soustrait le génie français mis en contact avec les tenants pleins de séduction de l'école gallo-florentine, je me sens rassuré. Sans doute, l'épreuve que traverse aujourd'hui l'art statuaire est sérieuse. Elle est longue. Plus d'un jeune maître perdra dans le feu de la mêlée la juste notion de sa tâche et de son droit. Il en est qui ne sortiront pas victorieux des conflits actuels. A l'exemple des coureurs malheureux de l'arène antique, il en est qui ne sauront transmettre à leurs successeurs que des flambeaux éteints. Mais l'histoire est remplie de ces défaites individuelles. Il est dans notre destinée de toujours combattre. Un siècle de repos, une année de paix générale, une doctrine unanimement acceptée, un peuple que rien ne divise, un homme dispensé de la lutte sont autant d'utopies que notre monde terrestre peut souhaiter, mais qu'il ne verra pas. Pour l'encouragement de ceux-là que leur culte de l'idéal fait plus sensibles, plus incertains peut-être du succès final, plus aisément meurtris, en raison de leur nature élevée, au milieu des chocs tumultueux de l'heure présente, dans le corps à corps des personnes ou la contradiction des doctrines, qu'il nous soit permis de dire avec le poète :

Ceux qui vivent, ce sont ceux qui luttent ; ce sont
Ceux dont un dessein ferme emplit l'âme et le front,
Ceux qui d'un haut destin gravissent l'âpre cime,
Ceux qui marchent pensifs, épris d'un but sublime,
Ayant devant les yeux, sans cesse, nuit et jour,
Ou quelque saint labeur ou quelque grand amour.
C'est le prophète saint prosterné devant l'arche,
C'est le travailleur, pâtre, ouvrier, patriarche ;
Ceux dont le cœur est bon, ceux dont les jours sont pleins.
Ceux-là vivent, Seigneur ! les autres... Je les plains.

TABLE DES MATIÈRES

	Pages.
Aux sculpteurs....	1

Considérations préliminaires.

I. Difficulté d'écrire aujourd'hui un livre philosophique sur l'art	5
II. L'homme étant un être de progrès peut toujours apprendre	6
III. Raison de cet ouvrage	7

Chapitre premier. — De l'Art.

I. Définition de l'art	11
II. La fonction de l'art est d'animer la matière	13
III. L'influence de l'art doit être permanente et universelle	15
IV. Toute influence, pour être durable, suppose un but	17
V. Le but de l'art est la manifestation du beau	17
VI. De l'empire du beau sur l'intelligence et la volonté	19

Chapitre II. — De l'Artiste.

I. Du génie	26
II. Le cœur de l'artiste	28
III. De la vénalité	33
IV. De la sensualité	34
V. Du sens honnête	35
VI. Responsabilité de l'artiste	35

Chapitre III. — Des Sources.

I. Nécessité de recourir aux sources	39
II. Première source : la nature	40
III. Deuxième source : l'idéal	42
IV. Troisième source : le divin	42
V. Aucune de ces trois sources ne peut être impunément négligée	43
VI. Genèse de l'inspiration	46
VII. Application des principes à l'école française contemporaine	48

Chapitre iv. — **L'Art plastique**.

Pages.

- I. But de ce livre.................................... 53
- II. Dignité de l'art plastique....................... 54
- III. C'est dans la représentation de l'homme qu'est limitée la tâche du sculpteur................... 59
- IV. Popularité de la sculpture...................... 64
- V. L'œuvre sculptée a sa place en plein air........ 66
- VI. De la décoration des places publiques au point de vue de l'éducation du peuple................. 70
- VII. La popularité de l'œuvre sculptée dépend, en partie des statuaires................................. 72

Chapitre v. — **Méthode intellectuelle du sculpteur**.

- I. Mission sociale de l'art et particulièrement de la sculpture... 74
- II. Nécessité de la méthode......................... 77
- III. De la méthode appliquée aux facultés de l'artiste. 79
- IV. Une forme traditionnelle s'impose au sculpteur.. 80
- V. L'œuvre sculptée doit avoir un caractère national 81
- VI. L'unité est la condition première de l'œuvre d'art. 82
- VII. L'érudition incline le sculpteur vers le détail et nuit souvent à l'unité de son œuvre............ 83
- VIII. Des genres en sculpture. — Leurs caractères; leurs limites..................................... 85
- IX. Sculpture religieuse............................. 85
- X. Sculpture historique............................. 87
- XI. Sculpture allégorique............................ 88
- XII. Sculpture iconique et sculpture d'animaux....... 89
- XIII. Composition..................................... 90

Chapitre vi. — **De la Matière**.

- I. L'argile.. 93
- II. La terre cuite................................... 96
- III. La cire.. 97
- IV. Le bois... 98
- V. Le plâtre... 99
- VI. Le bronze.. 99
- VII. L'ivoire et l'or................................. 101
- VIII. Le marbre....................................... 104
- IX. Le marbre, matière préférée du sculpteur........ 105
- X. Rayonnement du marbre........................... 106
- XI. L'artiste doit sculpter son marbre.............. 109

Chapitre vii. — **Du Procédé**.

- I. La main.. 112
- II. La maquette..................................... 114
- III. L'œuvre modelée................................. 117
- IV. La goutte d'eau................................. 119

	Pages.
V. Les anciens ont-ils usé du modèle vivant?.....	119
VI. Le modèle vivant rectifie les connaissances anatomiques du sculpteur.......................	120
VII. Insuffisance du modèle vivant................	121
VIII. Le sculpteur doit se séparer de son œuvre avant de passer au marbre.......................	122
IX. La mise aux points..........................	123
X. Du praticien...............................	123
XI. Le praticien peut effleurer le Beau, il ne sait pas l'atteindre................................	125
XII. C'est au sculpteur à parachever le marbre......	126
XIII. Le procédé de la main doit marcher de pair avec la méthode intellectuelle......................	127

Chapitre VIII. — La Statue.

I. La statue résume l'art plastique................	130
II. L'art est une interprétation de la nature........	131
III. En interprétant la nature, l'artiste a pour terme spécial l'expression de la vie................	132
IV. Dans l'expression de la vie, le sculpteur n'a qu'un type qui est l'homme......................	133
V. Ce que le sculpteur doit chercher dans l'homme c'est la pensée............................	134
VI. Le signe sensible de la pensée ou la beauté morale est inséparable de la vie....................	136
VII. Le sculpteur doit particulariser la vie de son modèle...................................	138
VIII. Toute grande vie est une, et peut être résumée par le statuaire............................	141
IX. Le milieu social.............................	142
X. De la caractéristique d'une grande vie..........	143
XI. Comment le statuaire doit-il rendre sensible, en la résumant, une existence d'homme?...........	144
XII. La tête et l'expression du visage...............	145
XIII. L'attitude..................................	147
XIV. De l'attitude stable..........................	148
XV. Le sculpteur peut donner indifféremment à une statue assise ou debout une attitude instable..	150
XVI. De l'attitude instable........................	152
XVII. Un acte sans portée morale implique une attitude instable.................................	156
XVIII. Caractère d'une statue équestre................	158
XIX. Symbolisme de la statue couchée..............	159
XX. Les attributs...............................	161
XXI. Le nu et le vêtement........................	162
XXII. Nécessité pour le statuaire de recourir à la tradition....................................	165

Chapitre IX. — Le Groupe.

I. Qu'est-ce que le groupe?....................	167

		Pages.
II.	Toute pensée d'artiste se présente à l'état de groupe	168
III.	Y a-t-il des règles spéciales à la composition du groupe?	170
IV.	Des différentes sortes de groupes	171
V.	Du groupe simple et des lois qui le régissent	172
VI.	Loi de parité	173
VII.	Loi de proportion	176
VIII.	L'artiste qui sculpte un groupe doit avoir pour objet l'être social	178
IX.	Du groupe composé	182
X.	Loi d'alternance	182
XI.	Loi de progression	183
XII.	Prédominance de la figure humaine dans les groupes antiques	186

Chapitre X. — Le Buste.

I.	De l'importance du buste en sculpture	187
II.	Une étude approfondie de la tête humaine est indispensable au sculpteur	188
III.	Des lois nécessaires à la composition du buste	189
IV.	Mise aux points du modèle	191
V.	Des bustes d'enfants	191
VI.	Des bustes de femmes	191
VII.	Des bustes d'hommes	192
VIII.	Biographie et mémoires historiques	193
IX.	Des bustes de littérateurs, de poètes, de savants et d'artistes	194
X.	Du buste iconique	196
XI.	Anatomie et physiologie	197
XII.	Caractère philosophique du profil grec	197
XIII.	Le front, ses contours et ses rides	201
XIV.	L'œil, les sourcils, les paupières, la prunelle	203
XV.	Le nez, mobilité des narines	205
XVI.	L'oreille	206
XVII.	La bouche, caractère des lèvres	206
XVIII.	Le menton	207
XIX.	Les joues	208
XX.	Le cou	208
XXI.	Les cheveux	208
XXII.	Du goût	209
XIII.	Définition du goût	210

Chapitre XI. — Le Bas-Relief.

I.	Le bas-relief est une œuvre de fiction	214
II.	Triple alliance du bas-relief	214
III.	Infériorité du bas-relief vis-à-vis de la statue	217
IV.	Le bas-relief a un caractère dramatique	218
V.	L'unité de scène, de groupement et de plan est la règle du bas-relief	220

	Pages.
VI. Du bas-relief pittoresque......................	222
VII. Ecueils du bas-relief.......................	225
VIII. Des richesses du bas-relief.....................	229
IX. Technique du bas-relief.....................	231
X. Le dessin..................................	234
XI. La composition............................	235
XII. Licences du bas-relief......................	236
XIII. Profil. — Méplat. — Autres caractéristiques de la composition du bas-relief.................	237
XIV. Le style.....................................	238
XV. La vie, caractère dominant de l'Ecole française en sculpture et en architecture....................	240

CHAPITRE XII. — **Les Pierres gravées.**

I. De la glyptique............................	243
II. Popularité de la gravure en pierres fines......	245
III. Des gemmes transparentes. — Le diamant......	247
IV. Le saphir.................................	248
V. L'émeraude................................	248
VI. L'aigue-marine............................	249
VII. La topaze.................................	250
VIII. L'hyacinthe................................	250
IX. L'améthyste................................	250
X. Le grenat syrien et le grenat de Bohême......	251
XI. Des gemmes demi-transparentes et des gemmes opaques.................................	251
XII. La prase, l'opale, la cornaline...............	251
XIII. Le jaspe, la turquoise.......................	252
XIV. Antiquité de l'intaille.......................	252
XV. Du camée.................................	253
XVI. La sardonyx...............................	255
XVII. Difficulté de la mise en œuvre................	255
XVIII. Technique de la gravure en pierres fines.....	256
XIX. Parallèle entre la gravure en pierres fines et la sculpture.................................	257
XX. Indifférence des modernes à l'endroit de la gravure en pierres fines...................	260
XXI. De la couleur chez les anciens et chez les modernes.................................	261
XXII. Rôle amoindri de la glyptique à notre époque.	264
XXIII. De quelques chefs-d'œuvre de la glyptique grecque et romaine. — Maîtres qui les ont produits...................................	266
XXIV. Raphaël, Annibal Carrache, Bouchardon et les pierres gravées antiques.....................	271
XXV. La gravure en pierres fines en Italie..........	272
XXVI. Graveurs français...........................	274
XXVII. Le camée de l'apothéose de Napoléon Ier, par M. Adolphe David........................	275
XXVIII. Espoir....................................	278

CHAPITRE XIII. — **Les Médailles**.

	Pages.
I. La médaille, élément d'éducation	279
II. Monnaies et médailles	280
III. Rôle social de la médaille	282
IV. Importance des médailles au point de vue de l'histoire	283
V. Faustine la mère et les jeunes filles pauvres de Rome	284
VI. Des portraits gravés sur les médailles antiques	286
VII. Le médailleur et l'Etat	287
VIII. C'est aux artistes à prendre l'initiative de la composition des médailles	290
IX. Procédé du médailleur	291
X. Du graveur en médailles	293
XI. La frappe	295
XII. Du relief	297
XIII. Des scènes que comporte le revers d'une médaille	299
XIV. Avantages de la médaille sur le bas-relief et la statue	300
XV. La médaille est une pièce de circulation	301
XVI. Médailleurs français	301
XVII. Popularité de la médaille	302
XVIII. Un musée monétaire	303
XIX. Médailles commémoratives	304
XX. Prix académiques	304
XXI. Une récente médaille de M. Maximilien Bourgeois	305
CONCLUSION	306

4578. — Abbeville. — Typ et Stér. A. Retaux.

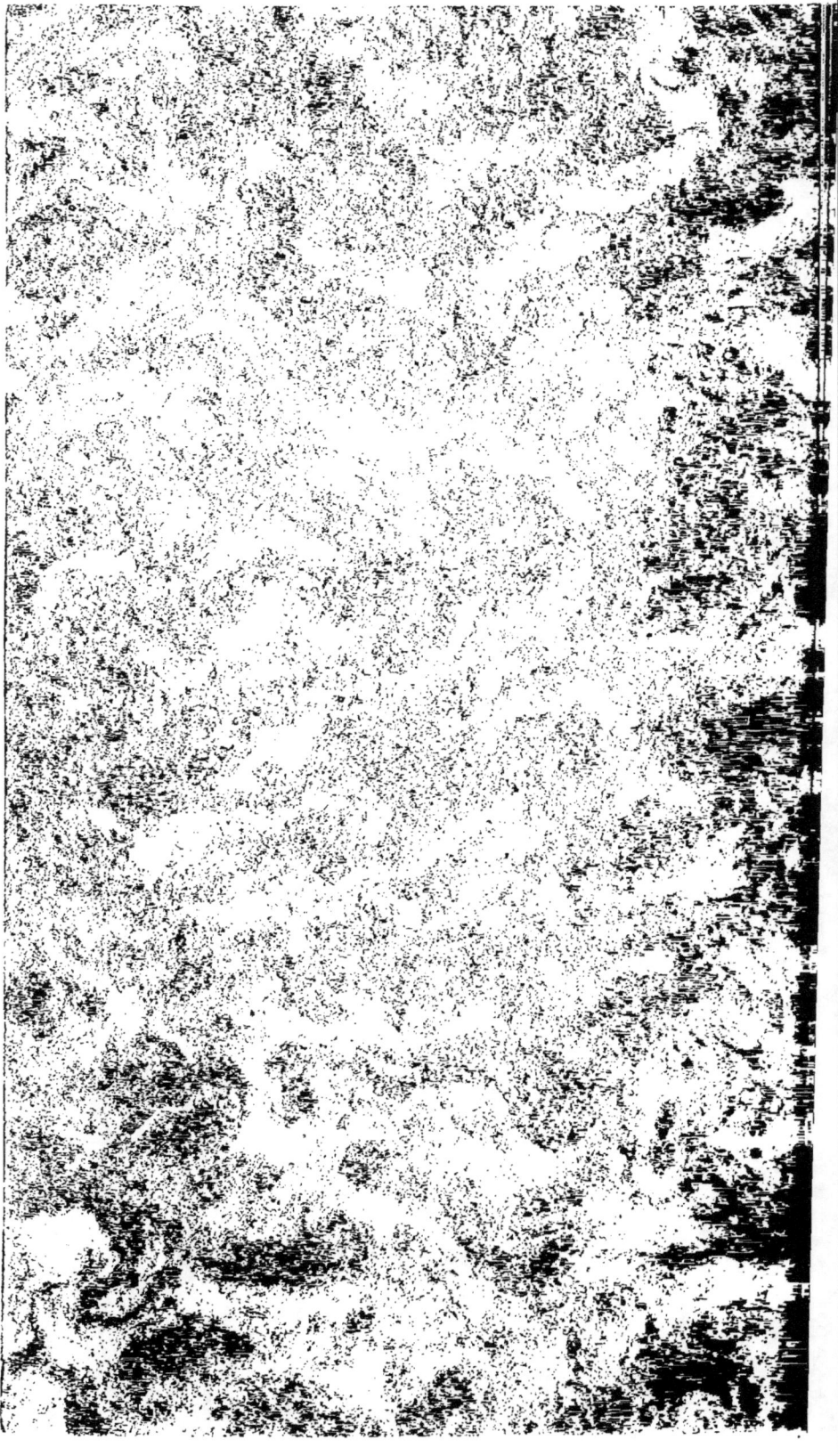

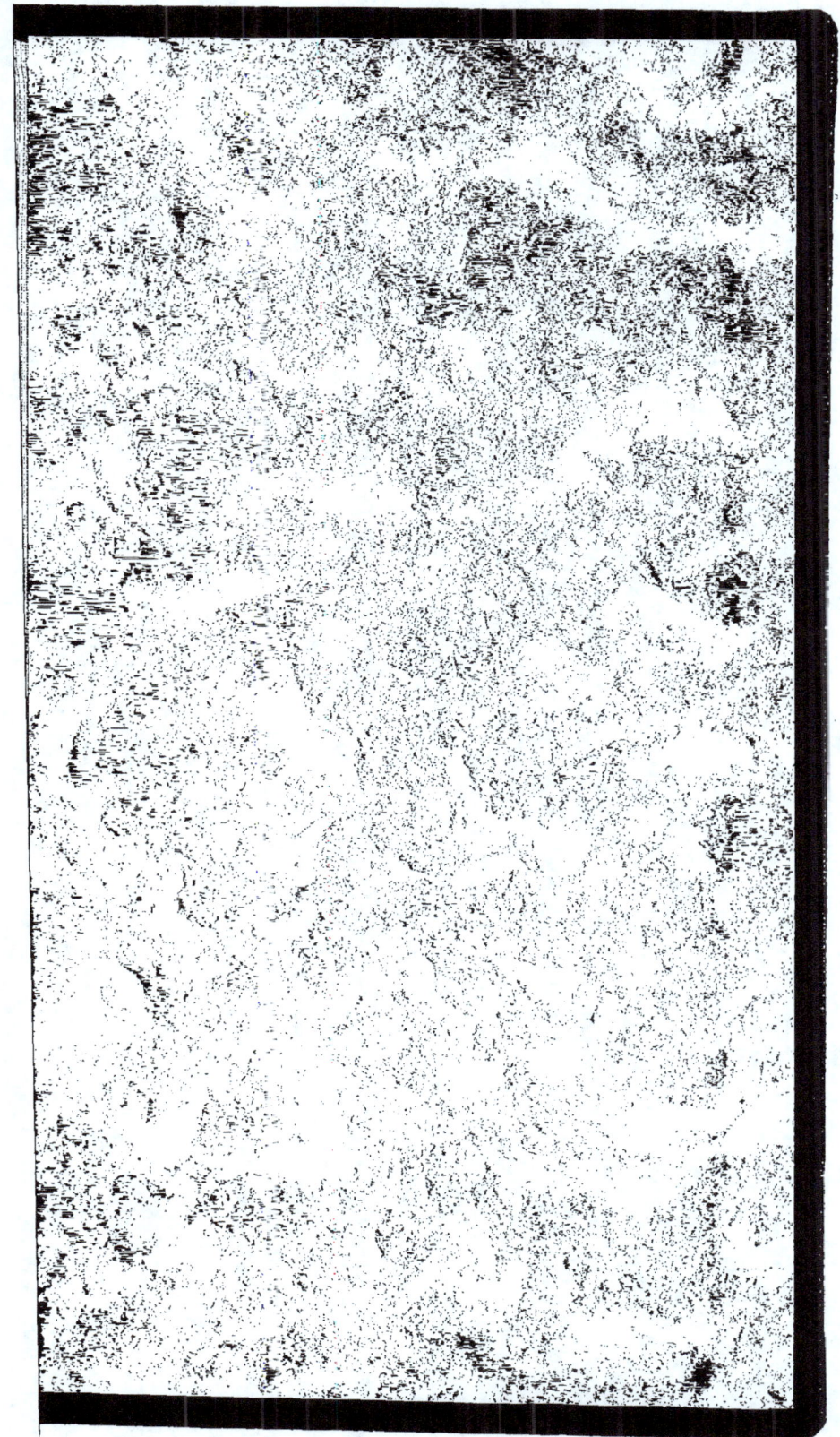

www.ingramcontent.com/pod-product-compliance
Lightning Source LLC
Chambersburg PA
CBHW050156230526
45470CB00001B/114